Printed in the USA
CPSIA information can be obtained
at www.ICGtesting.com
CBHW051117081124
17082CB00021B/553

9 789358 722857

پانچ شکاری کہانیاں

مترجم: منصور قیصرانی

کینتھ اینڈرسن

© Taemeer Publications LLC

Paanch Shikari KahaniyaaN *(Short Stories)*

by: Mansoor Qaisrani / Kenneth Anderson

Edition: August '2024

Publisher :

Taemeer Publications LLC (Michigan, USA / Hyderabad, India)

ISBN 978-93-5872-285-7

9 789358 722857

مصنف یا ناشر کی پیشگی اجازت کے بغیر اس کتاب کا کوئی بھی حصہ کسی بھی شکل میں بشمول ویب سائٹ پر اَپ لوڈنگ کے لیے استعمال نہ کیا جائے۔ نیز اس کتاب پر کسی بھی قسم کے تنازع کو نمٹانے کا اختیار صرف حیدرآباد (تلنگانہ) کی عدلیہ کو ہو گا۔

© تعمیر پبلی کیشنز

کتاب	:	**پانچ شکاری کہانیاں**
مترجم	:	**منصور قیصرانی**
مصنف	:	**کینتھ اینڈرسن**
صنف	:	شکاری کہانیاں
ناشر	:	تعمیر پبلی کیشنز (حیدرآباد، انڈیا)
سالِ اشاعت	:	۲۰۲۴ء
صفحات	:	۹۴
سرورق ڈیزائن	:	تعمیر ویب ڈیزائن

فہرست

	پیش لفظ	6
	تعارف	7
(۱)	تگرا ٹھی کے شیر	11
(۲)	پاناپتی کا پاگل ہاتھی	29
(۳)	10 بیر اپچاری	37
(۴)	جالاہالی کا قاتل	70
(۵)	دیوارائن درگا کی خلوت پسند	83

پیش لفظ

یہ کتاب کینتھ اینڈرسن نامی مشہور شکاری کی انگریزی کتاب کا اردو ترجمہ ہے۔ یہ کتاب ۱۹۵۵ کی شائع شدہ ہے۔ اس کا ترجمہ میں نے خود کیا ہے۔ کتاب کے ترجمے کے وقت مجھے مقبول جہانگیر مرحوم کا ترجمہ بہت یاد آیا ہے۔ انہوں نے اس کتاب کے کئی واقعات کا ترجمہ مختلف شکاری کتب میں کیا تھا۔ اب مجھے یہ دیکھ کر افسوس ہوتا ہے کہ انہوں نے نہ صرف ترجمہ و تلخیص کا کام کیا تھا بلکہ کئی جگہوں پر انہوں نے اصل کہانی کو توڑ موڑ کر کسی اور ہی انداز میں پیش کیا تھا۔ مثلاً مقبول جہانگیر نے "بیرا اپجاری" کا کردار ایک ولن کے طور پر پیش کیا ہے جبکہ اصل کتاب میں یہ کردار بطور گہرے اور قابل اعتماد دوست (ماسوائے ان کی پہلی ملاقات کے) کے ہوتا ہے۔ ایک ایسا دوست جو مصنف کو بچانے کے لئے اپنی جان خطرے میں ڈال دیتا ہے۔ اسی طرح بیرا سے متعلق کئی واقعات یکسر غلط پیش کئے گئے ہیں۔

منصور قیصرانی

***

تعارف

شیر کا آدم خوری کی طرف مائل ہونا غیر معمولی امر ہے۔ عام حالات میں ہندوستانی جنگلوں کا یہ بادشاہ نہایت شریف اور قابل احترام جانور ہے۔ شیر ہمیشہ شکار برائے خوراک کرتا ہے۔ حیوانی جبلت کی تسکین کے لئے شکار کرنا شیر کا خاصہ نہیں۔ اس کا شکار عموماً جنگلی چرندے ہوتے ہیں۔ کبھی کبھار یہ سرکاری چراگاہوں کے مویشیوں پر بھی ہاتھ صاف کر لیتا ہے۔

بعض اوقات شیرنی اپنے نو عمر بچے کو شکار کے گر سکھاتے ہوئے ایک وقت میں تین سے چار جانور بھی مار سکتی ہے تا کہ بچے کو شکار کے گر اچھی طرح سمجھائے جا سکیں۔ شیر کے شکار کا طریقہ عموماً جانور کی گردن توڑ کر اسے ہلاک کرنا ہوتا ہے۔ شیرنی عام طور پر دو بچے ہی پیدا کرتی ہے لیکن چار تک بچے ہونا عام بات ہے۔ کہا جاتا ہے کہ نر شیر اگر زچگی کے وقت قریب موجود ہو تو آدھے بچے بالخصوص نر بچے وہ خود کھا جاتا ہے۔

شیر کے شکار کا طریقہ، جیسا کہ میں نے اوپر بتایا، جانور کی گردن توڑ کر اسے مارنا ہوتا ہے۔ چیتے اور تیندوے عموماً جانور کا گلہ گھونٹ کر اسے مارتے ہیں۔ شیر شکار کے لئے جانور کے ساتھ بھاگتے ہوئے اس کی پشت پر پنجہ رکھ کر اسے دباتا ہے اور ساتھ ہی اس کی گردن پکڑ کر نیچے کی طرف مروڑ دیتا ہے۔ اس طرح بھاگتے جانور کا اپنا وزن ہی اسے ہلاک کر دینے کے لئے کافی ہو جاتا ہے۔ اس طرح شیر کو زور لگا کر گردن توڑنے کی محنت سے چھٹکارا مل جاتا ہے۔ ویسے میں نے خود اپنی آنکھوں سے شیر کو گردن مروڑ کر بھی

جانور کو ہلاک کرتے دیکھا ہے۔ شکار کے دوران شیر کا منہ اتنا کھل جاتا ہے کہ یہ بتانا مشکل ہے کہ وہ جانور کو گردن کے اوپر سے پکڑتا ہے کہ نیچے سے۔ دانتوں کے نشانات بھی اس بات پر روشنی نہیں ڈالتے۔

اسی طرح چیتے اور تیندوے میں ایک دلچسپ فرق ہوتا ہے۔ تیندوے اور چیتے ایک ہی نسل کے جانور ہیں۔ تیندوا نسبتاً بڑی جسامت کا ہوتا ہے اور اکثر جانور کی گردن توڑ کر اسے مارتا ہے جبکہ چیتا گلا گھونٹ کر۔ اس کے علاوہ چیتا چھوٹی جسامت کے جانور بھی مارتا ہے جن میں گھریلو مرغیاں، آوارہ کتے اور چھوٹے موٹے جانور شامل ہیں۔ تیندوا اور چیتا شیر کی نسبت بہت کم طاقتور ہوتے ہیں لیکن مکاری میں لاثانی۔ تیندوے برصغیر، ایشیا اور یورپ میں پائے جاتے ہیں۔

آدم خور چاہے شیر ہو یا تیندوا یا پھر چیتا، ان کی آدم خوری کی سب سے بڑی وجہ انسان ہی ہوتا ہے۔ بندوق یا رائفل سے کیے گئے اوچھے وار کے بعد جب یہ اپنے قدرتی شکار کو مارنے میں ناکام رہنے پر وہ انسان پر حملہ کرتا ہے۔ انسان جب غیر مسلح ہو تو اپنے دفاع سے بالکل معذور ہوتا ہے۔ بعض اوقات آدم خوری کی وجہ سیہہ کے شکار کے دوران لگنے والے کانٹے بھی ہوتے ہیں۔ اسی طرح آدم خور شیرنی اپنے بچوں کو بھی یہ عادت منتقل کر سکتی ہے۔ ایسا بھی دیکھنے میں آیا ہے کہ کسی وبائی بیماری سے مرنے والے افراد کی لاشیں جلائے یا دفن کیے بغیر جنگل میں پھینک دی جاتی ہیں جنہیں کھا کر یہ جانور آدم خوری کی طرف مائل ہو جاتے ہیں۔ بعض اوقات آدم خوری کی وجہ بالکل بھی معلوم نہیں ہو پاتی۔ آدم خور بن جانے کے بعد چاہے وہ چیتا ہو یا تیندوا یا پھر شیر، یہ اپنے ارد گرد کے علاقے کے لئے ایک دہشت بن جاتے ہیں۔ عموماً غریب دیہاتی اپنے دفاع سے معذور ہوتے ہیں اور ان کے پاس دو ہی راستے ہوتے ہیں، یا تو ایک ایک کر کے آدم خور کا

شکار ہوتے جائیں اور یا پھر اس علاقے کو چھوڑ کر دور چلے جائیں۔ شیر عموماً ایک ہی علاقے میں محدود رہتا ہے۔ لیکن جوں جوں ہلاکتیں بڑھتی جاتی ہیں، توہم پرستی لوگوں کو اتنا کمزور کر دیتی ہے کہ وہ کچھ کرنے کے قابل نہیں رہ جاتے۔ ایسی صورتحال میں آدم خور کے خلاف حکمت عملی تیار کرنا بالکل ناممکن ہو جاتا ہے۔ سڑکیں ویران ہو جاتی ہیں، دیہاتی آمد و رفت بالکل رک جاتی ہے، جنگلوں کی کٹائی رک جاتی ہے، مویشیوں کو چرانے کے لئے نہیں بھیجا جاتا، کھیت اجڑ جاتے ہیں اور بعض اوقات پورے کا پورا گاؤں دوسری جگہ منتقل ہو جاتا ہے۔ آدم خور کے شکار میں یہ بھی مشکل ہوتی ہے کہ توہم پرست لوگ سمجھتے ہیں کہ اگر وہ اس کے بارے کچھ بھی کہیں گے تو آدم خور کو علم ہو جائے گا کہ کس نے اس کے خلاف بات کی ہے اور پھر سب سے پہلے وہ انہی کا ٹینٹوا دبائے گا۔

اسی طرح ملاپ کے دنوں ہاتھی بھی پاگل ہو جاتے ہیں۔ یہ عرصہ نوے دن پر محیط ہوتا ہے اور اس دوران ہاتھی نہایت خطرناک ہو جاتے ہیں۔ ہاتھی کے کان کے پیچھے والے سوراخ سے بدبودار اور چکنے مواد کا رسنا اس کی علامت ہوتی ہے۔ اس ملاپ کے زمانے کے بعد یہ ہاتھی عموماً اپنی اصل حالت پر لوٹ آتے ہیں اور خطرہ نہیں رہتے۔ بعض اوقات نوجوان ہاتھی ماداؤں کے شوق میں بڑے نروں سے ٹکرا جاتے ہیں۔ نتیجتاً ان کی بری طرح پٹائی ہوتی ہے اور پھر وہ گروہ سے نکال دیئے جاتے ہیں۔ اس طرح جب وہ گروہ سے الگ ہوتے ہیں تو پھر جو چیز سامنے پڑے اسے توڑ پھوڑ کر اپنا غصہ نکالتے ہیں۔ انسان حسب معمول ایک آسان شکار ہوتا ہے۔

یہ بات واضح رہے کہ ہندوستان کے جنگلات آدم خوروں اور پاگل ہاتھیوں سے بھرے نہیں ہوتے۔ یہاں پگڈنڈی پر جنگل کے وسط میں چلنا اتنا ہی محفوظ ہوتا ہے جتنا کہ کسی بڑے شہر کی سڑک پر چلنا۔ اس کے علاوہ یہاں کی خوبصورتی، حشرات، جانور، پرندے، ان جنگلوں کا جوبن، طلوع اور غروب آفتاب کا وقت اور چاندی جیسی چاندنی

راتیں جب چاند بانس کے جھنڈ پر چمکتا ہے، انسان کی تنہائی، اس کا اپنے خالق سے قرب، یہ تمام ایسی چیزیں ہیں جو جنگل کے علاوہ شاید ہی کہیں مل سکیں۔

مجھے توقع ہے کہ یہ کتاب پڑھتے وقت جب آپ کو جغرافیائی اور قدرتی ماحول کی وضاحت پر ایک بڑا حصہ دکھائی دے گا یا جب میں جانوروں اور پرندوں کی آوازوں کی نقالی لکھنے کی کوشش کروں گا تو یہ محض ان سنہری یادوں کو تازہ کرنے کی کوشش ہو گی جن سے ہو سکتا ہے کہ بہت سارے لوگ دور ہو چکے ہوں۔ وہ وقت قریب ہے جب میں خود ان سے بچھڑ جاؤں گا۔

آخر میں میں اپنے والد کا شکریہ ادا کرنا چاہوں گا جنہوں نے مجھے ۷ سال کی عمر میں بندوق چلانا سکھایا۔ وہ جنگل سے اتنا زیادہ شغف نہیں رکھتے تھے۔ بطخوں، تیتر اور چھوٹے جانور کا شکار ان کی خوشی کے لئے کافی تھے۔ اس کے علاوہ بیرا کا شکریہ ادا کرنا بھی لازمی ہے جو کہ ایک مقامی پجاری ہے اور دریائے چنار کے کنارے ایک کھوہ میں آج سے ۲۵ سال قبل اس سے میری پہلی ملاقات ہوئی تھی۔ اس نے مجھے جنگل کی الف بے سکھائی تھی۔ جنگل سے میری محبت کا ایک بڑا سبب بیرا ہی ہے۔ اس کے علاوہ میرے ساتھی مقامی شکاری رانگا کا بھی میں بہت مشکور ہوں جس نے بے شمار مہمات میں میرا ساتھ دیا۔ رانگا نے ہر خطرے میں ثابت قدمی دکھائی اور مجھے اس کی دوستی پر ہمیشہ فخر رہے گا۔ سووری جو کہ رانگا کا نائب اور رانگا جتنا ہی عمدہ شکاری تھا، میرے پرانے دوست اور شکار ڈک برڈ اور پیٹ واٹسن کا شکریہ ادا کرنا بھی بے موقع نہ ہو گا جنہوں میرے علم میں سب سے زیادہ شیر مارے ہیں، میرے شروع کے دن میں میرے رہنما تھے۔

کینتھ اینڈرسن

* * *

تگرا ٹھی کے شیر

اگر میسور کی ریاست میں شموگا کے ضلع کی مغربی سرحد کی طرف سفر کریں تو بنگلور اور اس کے گردونواح کی نسبت یہاں کے مناظر اچانک ہی بدل جاتے ہیں۔ یہاں آپ ہر طرف سے سدا بہار جنگلات میں گھر جاتے ہیں جو برساتی نالوں سے سیراب ہوتے ہیں۔ یاں بارش کی سالانہ اوسط ۱۲۰ انچ سے زیادہ ہے۔ شموگا اور اس کے مغرب میں سالانہ بارش ۲۵۰ انچ سے بھی زیادہ ہوتی ہے۔ اگمبے اور اس کے مغرب میں چیل کے بلند و بالا درخت ہیں جن کی چوٹیاں آسمان کو چھوتی نظر آتی ہیں۔ درختوں پر کائی اور فرن وغیرہ عام ملتے ہیں۔ سبزے کی یہاں اس خطے میں بہتات ہے۔ یہاں کانٹے دار جنگلات نہیں پائے جاتے۔ ہر ممکن جگہ پر سبزہ اور گھاس اگی ہوتی ہے۔ جھینگر اور مینڈک کے سوا کسی جانور کی آواز سنائی دینا محال ہے۔ درختوں کی نچلی شاخوں سے لٹکی ہوئی جونکیں عام ہیں۔ کسی بھی جاندار کے قریب سے گزرنے پر یہ اس سے چمٹ جاتی ہیں۔ کپڑوں کے اندر بھی گھس جاتی ہیں اور خون چوسنا شروع کر دیتی ہیں۔ آپ کو ان کی موجودگی کا علم تک نہیں ہوگا کہ ان کے کاٹنے سے درد نہیں ہوتا۔ نظر پڑنے پر یا رستے ہوئے خون کے ان کی کارگزاری کا پتہ چل سکتا ہے۔ اگر جونک کو خون چوسنے کے دوران نوچنے کی کوشش کی جائے تو اس جگہ پر ایک بڑا سا زخم بن جاتا ہے۔ اگر جونک پر تھوڑا سا نمک یا پھر تمباکو کا عرق لگا دیا جائے تو یہ فوراً ہی الگ ہو جاتی ہیں۔ اس طرح بننے والا زخم معمولی نوعیت کا ہوتا ہے اور جلد ہی بھر جاتا ہے۔

یہ علاقہ کنگ کوبرا کا بھی مسکن ہے۔ کنگ کوبرا کوبرا کے خاندان کا سب سے بڑا سانپ ہے۔ اس کی لمبائی پندرہ فٹ کے لگ بھگ ہوتی ہے۔ اس کا رنگ گہرا زیتونی اور جسم پر ہلکے پیلے سے دائرے بنے ہوتے ہیں۔ اس کے سر پر کوئی نشان نہیں ہوتا۔ بڑی جسامت کے برعکس اس کی رفتار بہت تیز ہوتی ہے۔ اس کی خوراک دوسرے سانپ ہوتے ہیں۔ یہ بہت بد مزاج ہوتا ہے۔ انسان کو دیکھتے ہی حملہ کر دیتا ہے۔ انڈوں پر بیٹھی سپنی زیادہ خطرناک ہوتی ہے۔ میرا اس سانپ سے دو بار آمنا سامنا ہوا ہے۔ ایک بار جب میں اپنے اکیوریم کے لئے ایک نایاب قسم کی مچھلی تلاش کر رہا تھا اور دوسری بار پھولوں کے ایک کنج کو دیکھتے ہوئے۔ دونوں بار ہی مجھے دیکھ کر یہ سانپ فرار ہو گئے۔

اونچے درختوں کی چوٹیاں نہایت خوبصورت پھولوں کا مسکن ہیں۔ یہ پھول مختلف بیلوں کے بھی ہو سکتے ہیں اور ان درختوں کے اپنے بھی۔ گرمیوں میں گلابی، پیلے، سفید غرض لاتعداد قسم کے رنگوں کے پھول عجب بہار دکھاتے ہیں۔

یہاں اس ضلع میں دریائے شیراوتی بھی موجود ہے۔ یہاں اس کی چار شاخیں ہیں۔ جوگ کے مقام پر یہ دریا ایک ساڑھے نو سو فٹ بلند آبشار کی مانند گرتا ہے۔ یہاں چاندنی رات میں چاند کی روشنی سے بننے والی کہکشاں بھی دیکھی جا سکتی ہے۔

تگراٹھی کا گاؤں ساگر قصبے سے گیارہ میل دور اور جنوب مشرق میں واقع ہے۔ یہ سدا بہار جنگلات کی مشرقی سرحد پر واقع ہے۔ یہاں کاشتکاری زوروں پر ہے۔ یہاں کی مٹی انتہائی زرخیز اور بارش بکثرت ہوتی ہے۔ اس لئے یہ جگہ زراعت کے لئے انتہائی پر کشش اور منافع بخش ہے۔ قدرتی گھاس بھی کثرت سے اگتی ہے اور زرعی زمینوں کو چھوڑ کر ہر ممکن جگہ پر اگتی ہے۔ دن کے وقت گاؤں سے مویشی یہاں چرنے کے لئے بھیجے جاتے ہیں۔

جنگلی بھینسے سے بڑے جانور یہاں کم ہی ملتے ہیں۔ اس کی ایک وجہ گھنے جنگلات، پسو اور جونکیں ہیں۔ ابتدا میں چرندوں کی کمی کی وجہ سے یہاں شاید ہی کوئی درندہ پایا جاتا ہو۔ لیکن کاشتکاری اور چراگاہوں میں اضافے اور نئے مویشیوں کی تعداد جوں جوں بڑھ رہی ہے، درندوں کی تعداد بھی بڑھتی جا رہی ہے۔

تگراٹھی بھی ایک ایسا ہی علاقہ تھا۔ میں اس علاقے میں اکثر آتا جاتا رہتا تھا اور مجھے کبھی بھی چار سے زائد شیروں کی اطلاع نہیں ملی۔ فروری ۱۹۳۹ میں مجھے معلوم ہوا کہ ایک ہی دن میں ۸ مویشی مارے گئے ہیں۔ یہ تمام ہلاکتیں تگراٹھی کے آس پاس ہی ہوئی تھیں۔ لازما یہ ۸ مختلف درندوں کا کام تھا۔

۸ شیروں کی موجودگی کے باعث یہاں تیندوے اور چیتے نہ ہونے کے برابر تھے۔ جو تھے ان کا گزارہ آوارہ کتوں، بکریوں اور کبھی کبھار مرغیوں پر تھا۔ اگر شیروں کو کہیں چیتا دکھائی دے جائے تو وہ اسے مار کر کھا بھی جاتے ہیں۔

چیتل کے علاوہ اس جگہ شاید ہی کوئی اور جنگلی جانور ملتا ہو۔ یہاں کے تقریباً تمام ہی شیر لاگو یعنی مویشی خور ہیں۔ ان کی اکثریت بہت طاقتور اور موٹی ہوتی ہے جو کہ اس شیر سے مختلف ہوتے ہیں جس کا گزارا حقیقتاً جنگلی چرندوں پر ہوتا ہے۔

میں اب آپ کو شام راؤ باپت کی کہانی سناتا ہوں کہ اس نے انہی شیروں میں سے ایک شیر کو کیسے اپنے گھر کے باغیچے میں ہی ہلاک کیا۔ شام راؤ بائیس برس کا ایک نوجوان ہے اور اپنے والدین کی اکلوتی اولاد۔ اس نے گھر اور اس کے ساتھ موجود زرعی زمین کا نظام بخوبی سنبھالا ہوا ہے۔ اسے اپنے کام سے حقیقی معنوں میں محبت ہے۔ اس کے کھیتوں میں چاول، راگی کی فصلیں اور ناریل اور پام کے درخت ہیں۔ ان درختوں پر انگوروں کی بیلیں چڑھی ہوئی ہوتی ہیں۔ اس کے علاوہ وہ بہت سارے مویشیوں کا مالک بھی ہے۔ وہ

حقیقی معنوں میں ایک خوشحال زمیندار تھا۔

ایک دن ایک موٹے شیر نے شام راؤ کے خوشحال گھر سے خراج وصول کرنے کا سوچا۔ یکے بعد دیگرے شام راؤ کے مویشی اس کا شکار ہونے لگے۔ شام راؤ کے پاس ایک پرانی بندوق بھی تھی۔ اس نے بندوق میں گولی والا کارتوس بھرا اور شیر کا انتظار کرنے کے لئے ایک جانور کی لاش کے ساتھ درخت پر بیٹھ گیا تاکہ شیر پلٹے اور وہ اسے گولی مار سکے۔ شیر بھی ایک کائیاں نکلا اور اس نے شکل نہ دکھائی۔ شاید وہ پہلے کسی شکاری کی گولی کھائے ہوئے تھا۔

اب شیر کی ہمت بڑھ چکی تھی۔ ایک رات کو وہ شام راؤ کے گھریلو باغیچے کی باڑ پھلانگ کر اندر داخل ہوا اور باڑے کے گیٹ پر لگے بانس کو ہٹانے کی کوشش کرنے لگا۔ اندر بند مویشیوں نے اچھا خاصا ہنگامہ برپا کر دیا۔ شام راؤ کی آنکھ اس ہنگامے سے کھل گئی۔ اس کے باہر نکلنے سے قبل ہی شیر فرار ہو گیا۔

اگلی رات کو شام راؤ نے باڑے کی چھت پر ایک محفوظ پناہ گاہ بنا کر شیر کا انتظار کرنے کی ٹھانی۔ رات کو ۱۰ بجے شیر آیا اور دروازے کو کھرچنے لگا۔ شام راؤ نے کوئی فٹ بھر کے فاصلے سے اس پر بندوق کی دونوں نالیں خالی کر دیں۔ شیر بغیر کوئی آواز نکالے وہیں ڈھیر ہو گیا۔ یہ نہایت فربہ اور مویشی خور شیر کی بہترین مثال تھا۔

منظر بدلتا ہے۔ اب ساڑھے گیارہ کا وقت ہے اور خوب دھوپ نکلی ہوئی ہے۔ میں اپنی بیوی کے ہمراہ فارسٹ بنگلے میں ہوں۔ یہ بنگلہ تگرا ٹھی سے اڑھائی میں دور ہے۔ دوپہر کا کھانا قبل از وقت تیار ہے اور میری بیوی چند سینڈوچ تیار کر رہی ہے۔ اچانک بنگلے سے متصل جنگل سے کاکڑ (ایک قسم کا ہرن جس کی آواز بھونکنے سے مشابہ ہوتی ہے) کی آواز آئی۔ یہ آواز مسلسل آتی رہی۔ میں نے فوراً بوٹ پہنے اور رائفل اٹھائے باہر نکلا۔

فائر لائن کو عبور کر کے میں جنگل میں گھسا۔ کاکڑ ابھی تک بولے جا رہا تھا۔ میں ہر ممکن کوشش کر رہا تھا کہ اس تک کم سے کم وقت میں اور بغیر شور کئے پہنچ جاؤں۔ جلد ہی میں اس جگہ آ پہنچا جہاں کاکڑ موجود تھا۔ اس کا رخ سامنے کی طرف تھا اور مسلسل بولے جا رہا تھا۔ میں دوبارہ جنگل میں گھسا تاکہ دوسری طرف سے چکر کاٹ کر اس طرف جا سکوں جس طرف کاکڑ دیکھ کر شور کر رہا تھا۔ یہاں ایک جگہ ٹیک کے درختوں کا گھنا جھنڈ تھا۔ ٹیک کے پتے زمین پر موجود تھے۔ اگر ان پر پیر پڑتا تو بہت زیادہ شور پیدا ہوتا۔ اس لئے میں رک گیا اور ایک بہت بڑے ٹیک کے ہی درخت کے تنے کے پیچھے چھپ گیا اور سامنے دیکھنے لگا۔ اچانک کچھ فاصلے پر حرکت ہوئی۔ میں نے پوری توجہ ادھر مرکوز کی۔ ایک شیر، بالکل بے خبر پشت کے بل سو رہا تھا۔ اس کی دم بار بار ہل رہی تھی۔ دم کے ہلنے سے مجھے اس کی موجودگی کا علم ہوا۔

سوئے ہوئے شیر کو ہلاک کرنا شکار کی روح کے خلاف ہوتا۔ دوسرا مجھے اس شیر سے کوئی دشمنی بھی نہیں تھی۔ میں نے رائفل جھکا کر درخت سے ٹیک لگائی اور شیر کو دیکھنے لگا۔ شیر کوئی بیس منٹ تک مزید سوتا رہا۔ اس کے بعد اچانک بنگلے کی جانب سے میری بیوی کی آواز آئی جو مجھے کھانے کے لئے بلا رہی تھی۔ شیر فوراً اپنی نیند سے بیدار ہوا اور نیم وا آنکھوں سے بنگلے کی طرف دیکھنے لگا۔

خاموشی سے میں اس کے سامنے نکل آیا۔ میری رائفل گولی چلانے کے لئے تیار حالت میں تھی۔ میری آمد کی آہٹ سن کر شیر نے فوراً رخ بدلا اور نہایت حیرت سے میری طرف دیکھنے لگا کہ یہ انسان اتنی خاموشی سے اس کے اتنے قریب پہنچ گیا۔

پھر اس نے ہلکی سی میاؤں کی اور پھر مڑ کر جنگل کی طرف چل پڑا۔ میں نے اسے جانے دیا۔ جلد ہی وہ نظروں سے اوجھل ہو گیا۔

ایک دوسرے موقع پر میں اور میری بیوی رات کے وقت جنگل کی سیر کرنا چاہ رہے تھے۔ ہم نے ایک بیل گاڑی کرائے پر حاصل کی۔ رات کے وقت ہم جنگل میں روانہ ہوئے۔ ہمارا پروگرام ٹارچ کی روشنی میں جنگل کا مشاہدہ کرنے کا تھا۔ ہم ابھی بنگلے سے میل بھر ہی گئے ہوں گے کہ اچانک میری بیوی کی ٹارچ کی روشنی میں دو روشن آنکھیں دکھائی دیں۔ یہ آنکھیں جنگل میں کافی دور تھیں۔ ہم نے بیل گاڑی رکوائی اور نیچے اتر کر اس طرف چل پڑے۔ میری بیوی کی ٹارچ کا رخ مسلسل اسی طرف تھا جہاں آنکھیں دکھائی دے رہی تھیں۔ میری بیوی ٹارچ جلائے آگے آگے اور میں رائفل چھتیائے پیچھے پیچھے تھا۔ اب تک وہ آنکھیں گم ہو چکی تھیں۔ ہم نے وہاں ایک پگڈنڈی دیکھی اور اس پر چل پڑے۔ تھوڑی دیر بعد وہ آنکھیں پھر چمکیں۔ خوش قسمتی سے یہاں گھاس وغیرہ بالکل نہ تھی اور آسانی سے اس طرف جا سکتے تھے۔ ابھی ہم چند ہی قدم بڑھے ہوں گے کہ جھاڑی سے شیرنی نکل آئی۔ اس نے پہلے تو ہمیں دیکھا پھر مڑ کر جھاڑی کی طرف، جہاں سے وہ نکلی تھی۔ مجھے بہت عجیب لگا۔ اس کے پیچھے اس کے دو بچے بھی نکل آئے اور ماں سے لپٹ گئے۔

شیرنی ہمیں چند لمحوں تک دیکھتی رہی اور پھر جنگل کی طرف چل پڑی۔ ساتھ ہی اس نے ہلکی سی میاؤں کی آواز بھی نکالی جو شاید بچوں کو بلانے کا اشارہ تھا۔ بچے بھی فوراً اس کے پیچھے چل پڑے اور جلد ہی وہ نظروں سے اوجھل ہو گئے۔

میری بیوی نے ٹارچ اسی طرف جلائے رکھی کہ شیرنی پلٹ نہ آئے۔ اچانک ہمیں دوسری طرف سے ہلکی سی غراہٹ سنائی دی۔ ہم لرز گئے۔ ہمارے سامنے اب ایک بڑا نر شیر موجود تھا۔ شاید یہ پورا خاندان پیاس بجھانے ندی پر آیا ہوا تھا۔ اتنے چھوٹے بچوں کے ساتھ شیرنی عموماً نر شیر سے الگ ہی رہتی ہے کیونکہ نر عموماً چھوٹے بچوں کو مار دیتا

ہے۔

اب صورتحال کافی گھمبیر ہو چکی تھی۔ نر یا مادہ، کسی بھی طرف سے حملے کا امکان بڑھ چکا تھا۔ میری بیوی نے کافی ہمت کا مظاہرہ کیا اور ثابت قدم رہی۔ نر نے ہلکی سی غراہٹ کے ساتھ حرکت کی اور اس طرف چل پڑا جہاں اس کا بقیہ خاندان گیا تھا۔

اس طرح یہ صورتحال، جس کا انجام کافی بھیانک بھی ہو سکتا تھا، بخوبی سنبھل گئی۔ بیچارہ گاڑی بان گاڑی میں اکیلا تھا اور اس نے شیروں کی آوازیں سن لی تھیں۔ پھر شاید اس کے بیلوں نے شیروں کی بو محسوس کر لی یا پھر ان کی غراہٹ سن لی اور گاڑی کے ساتھ ہی سرپٹ دوڑے۔ آگے چل کر راستہ ایک ندی سے گزرتا ہے۔ یہاں آکر پانی اور کیچڑ میں بیل گاڑی پھنس گئی۔ اب گاڑی بان نے خوف سے چلانا شروع کر دیا اور ساتھ ہی بیل بھی شیروں کی وجہ سے ڈکرانے لگے۔ ہم یہ سمجھے کہ شیروں نے بیل گاڑی پر حملہ کر دیا ہے۔ ہم فوراً اس طرف بھاگے۔ وہاں جا کر ہمیں اندازہ ہوا کہ سب خیریت ہے۔ صرف گاڑی بان حد سے زیادہ خوفزدہ تھا۔ ہمیں خوشی ہوئی کہ شیروں نے گاڑی بان یا پھر بیلوں سے الجھنے کی کوشش نہیں کی تھی۔

میسور میڈیکل سروس کا میرا ایک دوست ڈاکٹر سٹینلے کو اس کے محکمہ کی طرف سے تگراٹھی بھیجا گیا تھا کہ یہاں ملیریا اب وبائی صورت اختیار کر چکا تھا۔ اکثر مقامی باشندے اس کی لپیٹ میں تھے۔ یہ ڈاکٹر بہت منچلا تھا اور اسے شیروں کے شکار کا کافی شوق تھا۔ اس نے اس دوران کئی شیر بھی مارے تھے۔ ایک رات اسے ایک زچگی کے لئے بلاوا آیا۔ اسے بیلندور نامی وادی جانا تھا۔ اپنے پیشے سے عشق کرنے والا ڈاکٹر فوراً دواؤں اور اوزاروں والا بیگ، اپنی بندوق، پانچ سیل والی ٹارچ اور پٹیاں وغیرہ لے کر بیل گاڑی میں سوار ہو گیا۔

ابھی وہ راستے میں ہی تھا کہ ایک شیر نے چھلانگ لگا کر سڑک عبور کی اور کنارے ہی بیٹھ کر گاڑی کو گزرتے ہوئے دیکھنے لگا۔ سٹینلے نے بندوق سے گولی والا کارتوس چلایا۔ گولی کھاتے ہی شیر اچھلا اور دھاڑتا ہوا جنگل میں گم ہو گیا۔

ڈاکٹر نے زیادہ توجہ نہ دی اور آگے بڑھ گیا۔ اس نے زچہ کی مشکل دور کی اور رات زچہ بچہ کے ساتھ گزاری۔ اگلی صبح وہ ایک مقامی چھوٹے سے لڑکے کو ساتھ لے کر پلٹا۔ اس نے گاڑی بان کو اس جگہ چلنے کو کہا جہاں اس نے رات کو شیر پر گولی چلائی تھی۔

اس جگہ پہنچ کر اس نے دیکھا کہ وہاں شیر کا خون کافی مقدار میں بکھرا ہوا تھا۔ ڈاکٹر نے پیچھا کرنے کی ٹھانی۔ گاڑی بان نے عذر کیا کہ بیل اکیلے نہیں چھوڑے جا سکتے۔ ڈاکٹر لڑکے کے ساتھ ہی اس طرف چل پڑا۔ تھوڑا آگے چل کر انہیں شیر زمین پر پڑا ہوا دکھائی دیا۔ ڈاکٹر سمجھا کہ شیر مر چکا ہے۔ اس نے یقین کرنے کے لئے Lg کا کارتوس شیر کی پچھلی ران پر چلایا۔ کارتوس لگتے ہی شیر اچھلا اور ڈاکٹر پر حملہ کر دیا۔ ڈاکٹر نے فوراً ہی شیر کے منہ میں دوسری نالی سے گولی چلائی۔ اگلے ہی لمحے شیر ڈاکٹر پر تھا اور اس نے ڈاکٹر کی کھوپڑی پر سے کافی ساری کھال نوچ لی تھی۔ اب لڑکا بیچارہ چیختا ہوا بھاگا۔ اب شیر نے ڈاکٹر کو چھوڑا اور لڑکے پر حملہ کر دیا۔ اس نے لڑکے کو پہلو سے جا پکڑا۔ ڈاکٹر نے اپنے زخم کی پروا کئے بغیر بندوق کو دوبارہ بھرا ہی تھا کہ شیر لڑکے کو چھوڑ کر فرار ہو گیا۔

لڑکا بیچارہ بری طرح زخمی تھا۔ اس کے پہلو، کمر اور سینے پر زخم تھے۔ تین پسلیاں بھی ٹوٹ چکی تھیں۔ ڈاکٹر نے اپنی پھٹی ہوئی قمیض سے لڑکے کے لئے پٹیاں بنا کر اس کے زخم باندھے اور پھر اسے کمر پر لاد کر بیل گاڑی تک پہنچا۔ وہاں سے وہ سترہ میل دور ساگر کی طرف چلے۔ ساگر سے انہوں نے شموگا کا رخ کیا جو پینتیس میل مزید دور تھا۔ شموگا میں ضلعی بڑا ہسپتال تھا۔

یہ بات قابل ذکر ہے کہ لڑکا اور ڈاکٹر، دونوں بچ گئے۔ ڈاکٹر کو اس کے افسران بالا سے اچھی طرح ڈانٹ پھٹکار پڑی کہ وہ بطور ڈاکٹر ہی اپنا کام جاری رکھے اور شیروں کا شکاری بننے کی کوشش نہ کرے۔

ان دونوں کے بچ جانے کی وجہ دراصل شیر کا شدید زخمی ہونا تھا۔ ڈاکٹر کے دوسرے فائر سے شیر کا نچلا جبڑہ بیکار ہو گیا تھا۔ لڑکے اور ڈاکٹر، دونوں کے زخموں پر شیر کے صرف اوپر والے دانتوں کے نشانات تھے۔ اگر شیر کا نچلا جبڑہ بھی سلامت ہوتا تو دونوں کا زندہ بچنا ناممکن ہو جاتا۔

اس دن کے بعد گاؤں کے لوگوں نے ہفتے بھر تک جنگل سے شیر کے بار بار دھاڑنے کی آوازیں سنیں۔ ایک دن اچانک خاموشی چھا گئی۔ لوگ سمجھے کہ شیر جنگل میں کہیں دور جا کر مر گیا ہو گا۔ اس کی لاش کسی کو نہ مل سکی۔

سٹینلے نے مجھے دو مزید واقعات سنائے۔ پہلے میں جب وہ شیر کے انتظار میں مچان پر بیٹھا تھا کہ ایک کنگ کوبرا نے اس درخت پر چڑھنا شروع کیا۔ ڈاکٹر نے اسے اس وقت تو بھگا دیا لیکن اندھیرا چھاتے ہی اسے سانپ کی واپسی کا وہم ستانے لگا۔ یہ وہم اتنا بڑھا کہ اسے اندھیرے میں ہی گاؤں پلٹنا پڑا۔

دوسری بار جب وہ مچان پر بالکل ہی سامنے بیٹھا تھا کہ اسے شیر نے دیکھ لیا۔ ساری رات شیر اس درخت کے آس پاس چکر لگاتا رہا اور دھاڑتا بھی رہا۔ اس دوران بوندا باندی بھی شروع ہو گئی۔ شیر کے جانے کے بعد بھی ڈاکٹر کی ہمت نہ ہوئی کہ وہ نیچے اترتا کیونکہ کافی اندھیرا باقی تھا۔

تگرا اٹھی کے قابل رسائی حصوں میں گھومتے ہوئے ایک بار میں نے ایک نوعمر شیرنی کی لاش دیکھی۔ اس کے منہ اور سینے میں سیہہ کے کل تئیس کانٹے پیوست تھے۔

ایک کانٹے نے تو اس کی دائیں آنکھ ہی نکال دی تھی۔ اس سے کچھ دور ایک تیندوے کی ادھ کھائی لاش بھی موجود تھی۔ بظاہر ایسا لگتا تھا کہ شیرنی نے سیہہ کو مارنا چاہا تھا کہ اس نے اتنے سارے کانٹے کھائے۔ آنکھ بھی گنوائی۔ بھوک سے شاید نڈھال ہو کر خوراک کی تلاش میں اس کی مڈبھیڑ تیندوے سے ہوئی۔ دونوں کی لڑائی ہوئی اور آخر کار شیرنی نے تیندوے کو مار ڈالا۔ وہ اسے کھا ہی رہی تھی کہ موت نے اسے بھی آلیا۔ شاید سیہہ والے زخم اور تیندوے سے لگنے والے زخموں نے کچھ دیر بعد اثر دکھایا ہو گا۔ لاشیں ادھ سڑی ہوئی تھیں اور یقین سے کچھ کہنا مشکل ہی تھا۔

بیلندور کی وادی میں ایک عجیب اور پراسرار شخصیت "بدھیا" بھی تھی۔ مقامی لوگ اسے کالے جادوگر کے طور پر جانتے تھے۔ اس کے بارے مشہور تھا کہ وہ جادو ٹونے سے کئی افراد کو مار بھی چکا ہے۔ یہ شخص میرا اچھا دوست تھا۔ اس بار رات گئے باتوں کے دوران اس نے مجھے ایک لکڑی سے بنا ہوا گول سا تختہ دیا۔ یہ تختہ نما چیز کوئی چھ انچ قطر کی ہو گی۔ بقول اس کے، یہ تختہ بہت ہی دور دراز کے جنگلوں کی لکڑی سے بنایا گیا تھا۔ اس نے درخواست کی کہ میں اس تختے کو شکار کی مہمات کے دوران اپنے پاس رکھوں۔ اگر کبھی کوئی جانور نہ مل رہا ہو تو سورج کے غروب ہونے کے بعد میں اس تختے کو اپنی رائفل یا بندوق کی نالی سے تین بار اوپر سے نیچے مس کروں۔ اس نے یقین دلایا کہ آئندہ چوبیس گھنٹوں میں وہ جانور اسی رائفل یا بندوق سے مارا جائے گا۔ مجھے یہ بتاتے ہوئے شرمندگی ہو رہی ہے کہ میں نے اس ٹونے کو ایک بار نہیں، کئی بار آزمایا اور ہر بار یہ کامیاب ہوا ہے۔ آپ اسے قسمت کہیں یا اتفاق، یہ آپ کی مرضی۔

آہ، ایک دن میرا یہ دوست "بدھیا" ملیریا کی لپیٹ میں آ کر مر گیا۔ اس کا کالا جادو بھی اس کو ملیریا سے نہ بچا سکا۔

اب کچھ ذکر گوجا کے آدم خور کا بھی ہو جائے۔ گوجا تگرا ٹھی سے چھ میل دور ایک اور وادی ہے۔ تگرا ٹھی سے املی گولا کی فارسٹ چوکی کے درمیان ہی گوجا واقع ہے۔ یہ چوکی کراڈی پٹہ کے گیم ریزرو کی سرحد پر ہے جسے ہز ہائی نس مہاراجہ میسور نے اپنے ذاتی شکار کے لئے مختص کیا ہوا ہے۔ چونکہ اس جنگل میں مویشی لے جانے کی ممانعت ہے، شیروں کو مویشی کھانے کو نہیں ملتے۔ اس جنگل کے فوراً ساتھ ہی مویشیوں کی موجودگی شیروں کے لئے کافی کشش کا باعث ہے۔ دوسرا شیر اتنے عقلمند بھی نہیں ہوتے کہ وہ کسی فرضی سرحد سے باہر نہ نکلیں۔ اس لئے شیروں کو جنگل میں رہنے سے زیادہ جنگل سے باہر نکلنے میں دلچسپی رہتی ہے۔

۱۹۳۸ میں ایک شیر نے عجیب نیا کام شروع کیا۔ وہ ریزرو جنگل سے نکلتا، مویشی مارتا، اسے کھاتا اور پھر فوراً ہی ریزور جنگل میں چلا جاتا۔ اس جنگل میں کسی کو جانے کی اجازت نہ تھی۔ ظاہر ہے کہ یہ شیر جلد ہی بہت موٹا ہو گیا۔ مقامی لوگ اسے مویشی چور کے نام سے جاننے لگے۔

جیسے انسان وقت کے ساتھ ساتھ بہادر ہوتا جاتا ہے، اسی طرح یہ شیر بھی نڈر اور چالاک ہوتا چلا گیا۔

یہ شیر ابھی اتنا بھی چالاک اور نڈر نہ ہوا تھا کہ انسانوں پر ہی ہاتھ صاف کرنے لگ جاتا لیکن روز بروز اس کی گشت طویل سے طویل تر ہوتی گئی۔ اس طرح وہ ایک دن گواجا میں آن پہنچا۔ یہاں اس نے بستی سے ڈیڑھ میل دور ایک نالے میں رہائش رکھی۔ یہاں سے وہ مویشیوں کے ریوڑوں پر حملہ کرتا۔ ہر ہفتے دو سے تین خوب فربہ اور بہترین نسل کے جانور اس کا شکار بنتے۔

مجھے اس شیر کے لاگو یعنی مویشی خور ہونے کے بارے کئی خطوط ملے۔ میں نے اس

لئے توجہ نہ دی کہ یہ ایک عام سی بات تھی۔ دوسرا اتنے ڈھیروں مویشیوں میں سے اگر چند ایک شیر کا نوالہ بن بھی جائیں تو کسی کو کیا نقصان پہنچتا۔ کم از کم انسان تو اس کی دست برد سے بچے ہوئے تھے۔

اس شیر کی ہمت اتنی بڑھ گئی کہ دو مواقع پر جب چرواہوں نے اسے بھگانے کے لئے شور مچایا تو یہ الٹا ان کی طرف غراتا ہوا لپکا۔ اگرچہ اس نے ابھی تک کسی انسان پر حملہ نہیں کیا تھا لیکن مجھے اندازہ ہو چلا تھا کہ وہ وقت دور نہیں جب وہ انسانوں پر حملہ کرنا شروع کر دے گا۔

ایک صبح ساڑھے نو بجے میں بنگلور سے اڈیری کی جانب میل ٹرین پر سوار ہو کر جا رہا تھا۔ وہاں سے ساڑھے تین میل کے پیدل سفر کے بعد میں تگرا اٹھی پہنچا۔ مجھے پرانے دوستوں نے بہت گرم جوشی سے ہاتھوں ہاتھ لیا۔ میری تواضع کافی سے کئی گئی کیونکہ کھانا تیار ہونے میں کچھ وقت باقی تھا۔ میں نے کھانے کی تیاری کے وقفے کا فائدہ اٹھاتے ہوئے شیر کے بارے معلومات لینا شروع کر دیں۔ مجھے علم ہوا کہ یہ شیر عام شیروں کی طرح ہے اور اب تک اپنی مویشی خوری کی عادت کے باعث کافی بدنام ہو چکا ہے۔ کھانے کے بعد بیل گاڑی میں سوار کر میں گواجا کی طرف روانہ ہوا۔ راستہ کافی خستہ تھا اس لئے ہم شام چھ بجے پہنچے۔ میں نے جتنی دیر وہاں کے باشندوں سے باتیں کیں، میرے بندوں نے میرا خیمہ وہاں سے تین فرلانگ دور ایک نالے کے کنارے لگا دیا۔ یہاں سے شیر کوئی میل بھر دور کہیں رہتا تھا۔

مجھے لوگوں نے بتایا کہ شیر نے پچھلا شکار کوئی دو دن قبل کیا تھا۔ اب اس کا اگلا شکار ایک دو دن میں متوقع تھا۔

اگلے دن ایک بجے اطلاع آئی کہ شیر نے ایک اور پالتو جانور مار ڈالا ہے۔ فوراً ہی میں

جائے حادثہ پر پہنچا۔ وہاں جا کر معلوم ہوا کہ شیر نے کھلے میدان میں گائے کو مارا ہے۔ چاروں طرف کم از کم تین سو گز تک کوئی بھی چھپنے کی جگہ نہ تھی۔ شیر گائے کو ہلاک کر کے نالے میں لے گیا۔ یہ وہی نالہ تھا جس کے کنارے میرا خیمہ نصب تھا۔ نالے کے کنارے نرم مٹی پر شیر کے گھات لگانے اور پھر گائے پر حملہ آور ہونے کے نشانات واضح تھے۔ یہاں اس نے جب حملہ کیا تو گائے نے کچھ دوڑنے کی کوشش تو کی لیکن شیر نے اسے فوراً ہی جا لیا اور مار ڈالا۔ اس کے بعد شیر نے گائے کو اٹھایا اور نالے میں لے گیا۔ یہاں کسی قسم کے گھسیٹنے کے نشانات نہ تھے۔ شیر کے پنجوں کے نشانات کافی گہرے ثبت تھے کیونکہ شیر کا اپنا وزن اور پھر گائے کا اضافی وزن اس نرم مٹی پر کافی گہرے نشانات چھوڑ گیا۔

میں نے ان نشانات کا کافی احتیاط سے جائزہ لیا اور پھر شیر کا پیچھا شروع کر دیا۔ امید تھی کہ میں جلد ہی شیر یا اس کے شکار تک پہنچ جاؤں گا۔ مجھے اندازہ تھا کہ میری آمد کو محسوس کر کے شیر سامنے ضرور آئے گا۔ لیکن ایسا نہ ہوا۔ میرا خیال ہے کہ شیر کی چھٹی حس نے اسے خبردار کر دیا تھا کہ اسے میرے سامنے ہرگز نہ آنا چاہیئے۔ شیر مجھ سے کچھ ہی دور گھاس میں چھپا غراتا رہا۔ بالآخر اس نے غراہٹ کے ساتھ فرار اختیار کی۔

یہاں ایک نہایت ہی مناسب درخت موجود تھا۔ میں نے اس پر اپنی چارپائی والی مچان بندھوائی اور شام چار بجتے بجتے اس پر بیٹھ گیا۔ شیر رات کو آٹھ بجے آیا اور سیدھا آ کر درخت کے نیچے کھڑا ہو گیا۔ مجھے اس کی آمد کا اندازہ اس کی سانس لینے کی آواز سے ہوا۔ اس نے اتنی احتیاط سے قدم رکھے کہ ایک بھی سوکھا پتہ نہ چرمرایا۔ اس نے پھر خود کو چاٹنا شروع کر دیا۔ پھر اس نے درخت کی چھال پر اپنے پنجے تیز کرنا شروع کر دیئے۔ اس وقت وہ پچھلے پنجوں پر کھڑا تھا۔ اس کی نظر مچان پر پڑ گئی اور ہلکی سی آواز کے ساتھ اس

نے چھلانگ لگائی اور گم ہو گیا۔ بقیہ رات وہ نہ پلٹا۔

اگلے دن میں نے نالے کے کنارے ایک بچھڑا بندھوا دیا جہاں شیر کی رہائش کافی نزدیک تھی۔ میں نے خود ایک نزدیکی درخت پر مچان باندھی اور اس پر بیٹھ گیا۔ یہ درخت نالے پر کوئی ۶۰ ڈگری پر جھکا ہوا تھا۔

۳ بجے میں بیٹھا۔ ساڑھے پانچ بجے مجھے شیر کے ہانپنے کی آواز آئی۔ وہ نالے کے دوسرے کنارے سے ایک مردہ گائے کو گھسیٹ کر لا رہا تھا۔ وہ کوئی ۸۰ گز دور ہو گا کہ میں نے اس کی گردن کا نشانہ لیتے ہوئے فائر کیا۔ فائر کرتے ہی شیر اچانک اپنی جگہ سے آگے بڑھا۔ اس طرح گولی اسے گردن کی بجائے کچھ پیچھے جا کر لگی جو مہلک نہ ثابت ہوئی۔ اس نے غراہٹ کے ساتھ چھلانگ لگائی اور نالے سے ہوتا ہوا غائب ہو گیا۔ میں درخت سے نیچے اترا اور بچھڑے کو لے کر گوا جا واپس آیا۔ مجھے اندازہ تھا کہ اگلی صبح آرام سے خون کے نشانات کی مدد سے شیر کو تلاش کر کے ہلاک کر دوں گا۔ تاہم میرا یہ اندازہ غلط نکلا۔

اگلی صبح میں نے خون کے نشانات کا پیچھا شروع کیا۔ میرے ساتھ ہر طرح سے قابلِ اعتبار دو مقامی افراد بھی تھے۔ یہ نشانات نالے سے ہوتے ہوئے کافی دور جا کر باہر نکلے۔ ہم نے بہت دور تک پیچھا جاری رکھا لیکن شیر کہیں بھی نہیں رکا تھا۔ دو میل دور جا کر شیر نے ایک جگہ تھوڑا سا دم لیا تھا۔ میرا خیال تھا کہ وہ یہاں سے املی گولا اور پھر اس کے بعد موجود گیم ریزور کی طرف جا رہا ہے۔ اگر وہ ایک بار ادھر پہنچ جاتا تو وہ ہماری پہنچ سے باہر ہو جاتا۔ گیم ریزرو میں آتشیں اسلحہ حتیٰ کہ زخمی شیر کا تعاقب کرتے ہوئے بھی لے جانا ممنوع تھا۔

آگے بڑھتے ہوئے شیر مزید دو جگہوں پر رکا تھا۔ پہلی جگہ خون کافی مقدار میں

بکھرا ہوا تھا۔ دوسری جگہ خون کی مقدار کافی کم تھی۔ اس کے بعد سے خون کے نشانات کم سے کم تر ہوتے چلے گئے۔ شاید اس کی کھال کے نیچے موجود چربی کی موٹی تہہ نے زخم کو ڈھانپ لیا تھا۔

ہم جلد ہی املی گولا کے نزدیک پہنچ گئے۔ یہاں سے گیم ریزرو کوئی میل بھر ہی دور تھا۔ یہاں ہماری قسمت نے ہمارا ساتھ دیا۔ یہاں ایک ندی راستے میں پڑتی تھی جو کہ اس وقت لبالب بھری ہوئی تھی۔ یہاں سے شیر کے نشانات اوپر کی طرف مڑ گئے۔ شاید اس نے اپنا ارادہ بدل دیا تھا۔ شاید وہ پینے کے پانی کی تلاش میں تھا۔ یہاں ہم پہلے تالاب تک پہنچے۔ یہاں شیر نے پانی پیا تھا اور نشانات سے اندازہ ہوتا تھا کہ اس نے کچھ دیر آرام بھی کیا تھا۔ یہ نشانات کم از کم گھنٹہ بھر قبل کے ہوں گے۔ اس سے ہمیں مہمیز ملی۔ یہاں سے فرلانگ بھر دور ایک اور تالاب تھا۔ یہاں بھی شیر رکا تھا۔ یہاں شیر کے قدموں کے نشانات سے تازہ تازہ پانی ابھر رہا تھا۔ شاید شیر ہماری ہی آہٹوں سے گھبرا کر آگے بڑھ گیا ہو گا۔ یعنی وہ زیادہ دور نہیں تھا۔

یہاں سے میں نے ارادہ بدلا کہ تعاقب کرنے سے بہتر ہے کہ گھات لگائی جائے۔ پیچھے کرنے سے شاید شیر گھبرا کر گیم ریزور کی طرف جانے کا سوچتا جو کہ میل بھر ہی دور تھی۔ میں نے اپنے ساتھیوں کو اشارہ کیا کہ وہ درخت پر چڑھ جائیں اور میں خاموشی سے نالے کے کنارے چڑھ کر چل پڑا۔ یہاں سے میں نے نالے کے ساتھ ساتھ متوازی تیزی سے چلنا شروع کیا۔ نصف میل دور جا کر نالا پھر بل کھا کر سامنے آ گیا۔ یہاں میں نیچے اترا اور واپسی کا رخ اختیار کیا تاکہ شیر کو اس کی لاعلمی میں جا لوں۔ بدقسمتی سے شیر نے میری آہٹ سنی یا پھر اس کی چھٹی حس نے خبردار کر دیا اور وہ واپس مڑا اور گیم ریزرو کی طرف چل پڑا۔

یہاں سے میں نے خون کے اکا دکا نشانات کا پیچھا کیا جہاں وہ جھاڑی میں گھسا تھا۔ میں نے ایک سرے پر رک کر درخت کی اوٹ سے جھانکا تو شیر نہ دکھائی دیا۔ اگر میں اپنے ساتھیوں کو بلانے کی کوشش کرتا تو شیر خبردار ہو کر نکل جاتا۔ اتفاقاً میری نظر ہلتی ہوئی گھاس پر پڑی جو شیر کی حرکت کی چغلی کھا رہی تھی۔ میں نے اپنی جگہ سے حرکت کی اور گھاس میں چل پڑا۔ آگے چل کر گھاس کافی چھدری ہو گئی تھی۔ اچانک ہی میری اس پر پڑی اور اسی لمحے شیر نے مجھے دیکھا۔ میں نے اس کے دائیں پہلو پر فائر کیا۔ گولی کھاتے ہی اس نے مجھ پر حملہ کر دیا۔ مگر پانچ ہی قدم چل کر اس کی ہمت جواب دے گئی اور وہ نیچے گرا۔ میں نے اس پر دوسری گولی چلائی۔ دوسری گولی کھاتے ہی وہ اچھلا اور جھاڑیوں میں گھس گیا۔

میں نے سیٹی بجا کر ساتھیوں کو بلایا جو فائروں کی آواز سن کر پہلے ہی میری طرف روانہ ہو چکے تھے۔ جب وہ پہنچے تو میں نے انہیں تفصیل بتائی اور انہیں درخت پر چڑھ جانے کی ہدایت کی کہ وہ شیر کی موجودگی سے مجھے آگاہ کرتے رہیں۔ دونوں ایک دوسرے سے پچاس پچاس گز دور تھے۔ ہدایت یہ تھی کہ شیر کو دیکھتے ہی سیٹی بجا کر آگاہ کریں۔ میں خود نالے کی طرف چل پڑا کہ اگر شیر واپس پلٹے تو میں ادھر اسے روک سکوں۔

نالے میں چلنا انتہائی دشوار تھا۔ ہر لحظہ یہ خطرہ تھا کہ شیر کنارے سے، دائیں یا بائیں یا پھر عقب سے حملہ نہ کر دے۔ آدم خور شیر کے شکار میں یہ بات یاد رکھنے کے قابل ہے کہ کبھی بھی زخمی شیر کا پیچھا کرتے ہوئے نالے میں نہ اترا جائے۔ اس بات کا قوی امکان ہوتا ہے کہ شیر نالے کے کنارے سے جست لگا کر شکاری کو بے خبری کے عالم میں دبوچ سکتا ہے۔ میں کافی نا امید ہو چلا تھا کیونکہ اب اس بات کا قوی امکان تھا کہ شیر کہیں

کا واڈی بنڈ انہ جاکر مرے۔

پھولی ہوئی سانسوں اور بھری رائفل کے ساتھ اور ٹریگر پر انگلی رکھے میں نالے میں اترا تھا کہ شیر اگر جھاڑی میں چھپا ہوا ہو تو اسے ہلاک کر سکوں۔ اب اسے جھاڑی سے کیسا نکالا جاتا، یہ ایک الگ مسئلہ تھا۔

واپس لوٹ کر میں نے دونوں ساتھیوں کو بلایا اور مشورہ کیا۔ شیر کی اندازاً کسی خاص جگہ موجودگی کو جانے بغیر اس جھاڑیوں بھرے قطعے میں گھسنا خود کشی ہوتا۔ اچانک ایک خیال کو ندے کی طرح لپکا۔ میں نے نالے میں اتر کر اپنی قمیض اتاری۔ اس کے بازو اور گلے کو بند کر کے اس میں زیادہ سے زیادہ پتھر باندھ لئے۔ ایک ساتھی اس بیگ نما قمیض کو لے کر اوپر آیا اور ہم نے جھاڑیوں میں سنگ باری شروع کر دی۔ بالآخر شیر نے ہم سے ۳۰ گز دور، دائیں جانب سے غراہٹ کی آواز نکالی۔

شیر یقیناً کافی زخمی تھا اور حرکت سے معذور بھی۔ اس کے باوجود ہر اس پتھر پر غراتا جو اس کے نزدیک گرتا۔

اپنے ساتھیوں کو سنگ باری جاری رکھنے کا کہہ کر میں چکر کاٹ کر اس خطے کے عقبی طرف سے آنے کی کوشش کرنے لگا۔ کچھ دیر بعد پیچھے پہنچا تو شیر کے غرانے کی آواز میرے سامنے سے آ رہی تھی۔ پتھر گرنے کی آواز بھی آ رہی تھی۔ جب تک مجھے شیر کی آواز سنائی دیتی رہی، میں آگے بڑھتا رہا۔ جو نہی میں قریب پہنچا تو شیر نے شاید میری آمد کی آہٹ سنی اور خاموش ہو گیا۔ میرے ساتھیوں کو بھی اندازہ ہو گیا کہ شیر میری عقب سے آمد کو بھانپ چکا ہے۔ انہوں نے شیر کی توجہ ہٹانے کے لئے چند اور پتھر مزید تیزی اور دور پھینکے۔ شیر خاموش رہا۔

مجھے اندازہ تھا کہ اب میں بے حد محتاط ہو جاؤں۔ شیر کسی بھی لمحے حملہ کر سکتا ہے۔

میں رک گیا اور اپنے حواس مجتمع کئے۔ میں ہر ممکن آہٹ سننے کے لئے تیار تھا۔ وقت خاموشی سے گزر تا رہا۔ پتھر گرنے کی آواز آتی رہی۔ میرے اندر بڑھتے ہوئے خطرے کا احساس بڑھتا رہا۔ ہر وقت یہی محسوس ہو رہا تھا کہ شیر میرے نزدیک سے نزدیک تر ہو رہا ہے۔ اس خاموشی کو توڑنے کے لئے یا تو میں خود چیختا یا پھر ہٹ جاتا۔ ورنہ یہ خاموشی میرے اعصاب کو جکڑ رہی تھی۔

اچانک ہی میں پیچھے مڑا۔ اسی وقت دو جھاڑیوں کے درمیان شیر میرے عقب میں مجھ پر چھلانگ لگانے کے لئے بالکل تیار حالت میں تھا۔ ہماری آنکھیں ملتے ہی اس نے دھاڑ لگا کر حملہ کر دیا۔ اس دوران میری ونچسٹر رائفل دو بار بولی۔ دونوں گولیاں شیر کے منہ پر لگیں۔ میں ذرا سا ہٹا اور شیر میرے سامنے آ کر گرا۔ اس نے آخری بار ٹانگیں چلائیں اور چند ہی فٹ کے فاصلے سے میں نے ایک اور گولی اس کے دل میں اتار دی۔

گواجا کے اس بوڑھے شیر کی گیم ریزرو واپس جانے کی تمام تر کوششیں ناکام ہو گئیں۔

٭ ٭ ٭

پانا پتی کا پاگل ہاتھی

یہ ہاتھی، جس کے بارے میں یہ داستان لکھ رہا ہوں، دیگر ہاتھیوں کی مانند ایک چھوٹی جسامت کا نر ہاتھی تھا۔ اس کی کل اونچائی ساڑھے سات فٹ تھی۔ عموماً ہندوستانی ہاتھی کے اگلے پیر کے نشان کی گولائی کا مربع اس کی اونچائی کے برابر ہوتا ہے۔ اتنی سی جسامت کے برعکس اس میں مکاری، کینہ پروری اور انسانوں سے دشمنی کوٹ کوٹ کر بھری ہوئی تھی۔

اس کا بیرونی صرف ایک دانت تھا۔ یہ کوئی ڈیڑھ فٹ لمبا ہو گا۔ کہا جاتا ہے کہ اس کا دوسرا دانت دریائے کاویری کے کنارے ایک لڑائی میں ٹوٹا تھا۔ یہ لڑائی غول کے بڑے نر سے ہوئی تھی۔ جب اس نوجوان نے غول کی ماداؤں پر بری نظر ڈالی تو غول کے بڑے نر اور سردار نے اسے غول سے نکال باہر کیا۔ اس نوجوان ہاتھی نے بدلے میں لڑائی کی ٹھانی۔

یہ اپنی نوعیت کی ایک عجیب لڑائی تھی۔ تجربہ، عمر اور طاقت میں اس سے کہیں بڑے ہاتھی نے اسے بری طرح مارا۔ اسے بہت بری طرح اور نہایت بے دردی سے کچلا اور نوچا گیا تھا۔ اس کے پہلو پر سردار کے دانتوں کے نشانات تھے۔ اس لڑائی کے باعث اسے غول چھوڑنا پڑا۔ چھوٹے موٹے زخموں کے علاوہ اسے دانت بھی گنوانا پڑا جو ظاہر ہے کہ بہت دن تک درد کی اذیت بھی جھیلنی پڑی ہو گی۔

اس حالت میں بھی وہ غول سے کچھ ہی فاصلے پر ان کے ساتھ ساتھ حرکت میں رہا۔

لیکن اسے گروہ میں شامل ہونے کی اجازت نہ تھی۔ اس طرح آوارہ گردی کے دوران میں اسے ایک دن پگڈنڈی پر ایک بیل گاڑی آتی دکھائی دی جس پر کٹے ہوئے بانس لدے ہوئے تھے۔ اس ہاتھی پر اچانک ہی دورہ پڑا اور اس نے اپنی لڑائی کا غصہ بیل گاڑی پر نکالنے کی ٹھانی۔ اس نے فوراً ہی ہلہ بول دیا۔ گاڑی بان نے ہاتھی کو دیکھتے ہی چھلانگ لگا کر دوڑ لگائی اور اس طرح بچ گیا۔ بیچارے بیل گاڑی میں جتے ہوئے تھے اور ان پر کافی وزنی لکڑی لدی ہوئی تھی۔ بیچارے اپنی موت کو سامنے دیکھ کر وہ بھاگ بھی نہ سکے۔ یہ ہاتھی جو اب انتقام کی آگ میں پاگل اور اندھا ہو رہا تھا، نے گاڑی کو ماچس کی تیلیوں کی طرح توڑ موڑ کر رکھ دیا۔ پھر وہ بیلوں کی طرف مڑا۔ ایک بیل کو اس نے سینگ سے سونڈ میں پکڑ کر ہوا میں اچھالا۔ اگلے دن جب بیل کی لاش ملی تو اس کا سینگ جڑ سے غائب تھا اور ٹانگ کی ہڈی ٹوٹ کر اور کھال کو پھاڑتی ہوئی زمین میں گھسی ہوئی تھی۔ اب ہاتھی نے دوسرے بیل کا رخ کیا۔ خوش قسمتی سے دوسرا بیل گاڑی کے ٹوٹنے اور دوسرے بیل کے مارے جانے پر فرار ہونے میں کامیاب ہو گیا۔

اس دن سے اس ہاتھی کی ہوا بگڑتی چلی گئی۔ دور دراز کے کئی مسافر اس کے پیروں تلے کچل کر، دانت کی زد میں آکر، سونڈ میں جکڑ کر زمین پر پٹخے جانے یا پھر درخت سے ٹکرائے جانے سے ہلاک ہوئے۔

اس ہاتھی سے میری پہلی مڈ بھیڑ اتفاقاً ہوئی تھی۔ میں "ہگینی کال" نامی جگہ گیا ہوا تھا۔ یہ پانی پتی سے ۴ میل دور اور دریائے کاویری کے کنارے واقع ہے۔ میرا ارادہ تھا کہ اختتام ہفتہ پر مہاشیر مچھلی کا شکار کھیلوں گا۔ اگر قسمت نے یاوری کی تو ایک آدھ مگرمچھ بھی ہاتھ لگ جائے گا۔ ان دنوں یہ مشہور ہو چلا تھا کہ یہ ہاتھی دریا عبور کر کے کسی دوسرے غول میں شامل ہو کر ادھر سے چلا گیا ہے۔

قیام کے دوسرے دن میں مچھلی کا شکار کھیل کر بنگلے کی طرف پلٹا۔ مجھے چائے کی طلب ہو رہی تھی۔ اچانک ساتھ ہی جنگل سے مور کی آواز آئی۔ میں چائے کو بھلا کر رات کے کھانے کے لئے مور کے سہانے خیال میں کھو گیا۔

میں نے دو عدد ا نمبر کے کارتوس جیب میں ڈالے اور بندوق اٹھا کر اس طرف چل پڑا جہاں سے مور کی آواز سنائی دی تھی۔ یہاں آ کر میں ذرا رکا کہ مور کو تلاش کروں۔ میرا اندازہ تھا کہ مور اس وقت دریائے چنار کے خشک حصے میں ہو گا۔ دریائے چنار آگے چل کر دریائے کاویری سے جا ملتا ہے۔

ندی کی نرم ریت پر میرے ربر سول کے جوتے بالکل آواز پیدا نہ کر رہے تھے۔ یہاں مجھے مور کے پر پھڑ پھڑانے کی آواز صاف سنائی دے رہی تھی۔ مور دریا کے دوسرے کنارے پر تھا۔ ابھی میں دریا کا خشک پاٹ عبور کر ہی رہا تھا کہ میں نے ایک فلک شگاف چنگھاڑ سنی۔ مجھ سے محض ۵۰ گز دور ہاتھی نمودار ہوا۔ اس کا رخ میری طرف تھا۔

ہاتھی کے دوڑنے کی رفتار بہت تیز ہوتی ہے۔ یہ ناممکن تھا کہ میں اس سے زیادہ تیز دوڑ پاتا۔ دوسرا ندی کے پاٹ کی ریت اتنی نرم اور بھر بھری تھی کہ میں بھاگ بھی نہ سکتا۔ میں نے فوراً ہی ٹوٹے ہوئے ایک درخت کے تنے کی اوٹ لی اور باری باری بندوق کی دونوں نالیاں چلا دیں۔ اس وقت ہاتھی مجھ سے کوئی ۳۰ گز دور ہو گا۔

کارتوسوں کے چلنے کا دھماکہ، بارود کا دھواں اور ننھے منے چھروں کی بوچھاڑ کا اتنا اثر ہوا کہ ہاتھی ذرا بھر رکا۔ میرے لئے اتنی مہلت کافی تھی۔ میں سر پر پیر رکھ کر دوڑا۔ مجھے حیرت ہوتی ہے کہ میں اتنا تیز کیسے دوڑا۔ خالی بندوق میرے ہاتھ میں تھی۔ بنگلے پر پہنچ کر میں نے رائفل اٹھائی اور واپس اسی طرف دوڑ پڑا۔ اب دریائے چنار کے دونوں کنارے

خالی پڑے تھے۔ ہاتھی دریا کی دوسری طرف جا کر جنگل میں گم ہو گیا تھا۔ اب چونکہ اندھیرا چھانے والا تھا تو میں نے اس پر زیادہ توجہ نہ دی۔

اگلے دن مجھے واپس بنگلور لوٹنا تھا جس کی وجہ سے میں یہاں مزید قیام نہیں کر سکتا تھا۔ اس طرح اس ہاتھی پر پہلی گولی چلانے کا سنہری موقع میں نے گنوا دیا۔

اس ہاتھی کو سرکاری طور پر پاگل قرار دے کر عام اعلان کرا دیا گیا تھا کہ اس ہاتھی کو مارنے پر ۵۰۰ روپے یعنی ۳۴ پاؤنڈ کا انعام دیا جائے گا۔ یہ اعلان بذریعہ ڈھنڈورچی اور بذریعہ اشتہار، ہر طرح سے کیا گیا تھا۔

اس علاقے کے ایک مشہور مقامی بندے نے اس ہاتھی کو مارنے اور انعام پانے کی ٹھانی۔ اس کی المناک کہانی کچھ یوں رہی۔

اعشاریہ ۵۰۰ بور کی دونالی ایکسپریس رائفل اس کے پاس تھی جو کالے بارود سے چلتی تھی۔ یہ رائفل اس کے اچھے دنوں کی یاد گار تھی۔ وہ رائفل کے ہمراہ پانا پتی پہنچا۔ یہاں اسے معلوم ہوا کہ ہاتھی ساتھ والے جنگل میں موجود ہے۔ دریائے چنار کے کنارے جہاں میں کچھ ہی دن قبل ہاتھی کا شکار ہوتے ہوتے بچا، یہاں سے نزدیک ہی تھا۔ اس دریا کے ایک کنارے پر "ووڈاپٹی" کا گیم ریزرو اور دوسرے پر پناگرام بلاک ہے۔

یہ آدمی بیچارہ دو دن تک ہاتھی کی تلاش میں سرگرداں مارا مارا پھرتا رہا۔ تیسری رات اس نے اپنا خیمہ دریا سے دو میل اندر جنگل میں لگایا تاکہ رات بسر کی جا سکے۔ ہاتھی کے متعلق اس کا اور اس کے ہمراہیوں کا اندازہ تھا کہ وہ دریا کی دوسری طرف ہے۔ پھر بھی انہوں نے احتیاطاً خیموں کے گرد آگ جلالی۔ اس نے اپنے ہمراہیوں کو ہدایت کی کہ وہ ڈھیر ساری لکڑیاں اکٹھی کر لیں تاکہ رات بھر آگ جلتی رہے۔

اس وقت جنگل بالکل پرسکون تھا۔ باری باری تمام افراد نیند اور تھکن سے بے حال

ہو کر سوتے چلے گئے۔

علی الصبح ہاتھی اتفاقاً ادھر سے گذرا۔ اس وقت تک آگ دھیمی پڑ چکی تھی۔ جابجا انگارے ہی دہک رہے تھے۔ عموماً ہاتھی اور دیگر جانور آگ کے نزدیک نہیں جاتے۔ شاید اس ہاتھی نے جب خیمے دیکھے تو اس پر وحشت غالب آ گئی۔ اس نے وہ جگہ تلاش کی جہاں آگ اور انگارے بالکل نہ تھے۔ ایک طویل چنگھاڑ کے ساتھ وہ ایک خیمے پر ٹوٹ پڑا۔

دوسرے خیمے کے افراد کی آنکھ چنگھاڑ سن کر کھل گئی اور وہ لوگ بھاگ نکلے۔ دوسرے خیمے کے مالک کو جاگنے یا اپنی رائفل استعمال کرنے کا موقع تک نہ ملا۔ ہاتھی نے اس خیمے کو اکھاڑ کر اس پر اپنی سونڈ پھیرنی شروع کر دی۔ جونہی سونڈ سے بیچارہ شکاری مس ہوا، ہاتھی نے اسے پکڑ کر سر سے اونچا اٹھایا اور پھر زمین پر پٹخ دیا اور اس پر اپنا پیر رکھ کر اسے کچل دیا۔ چند منٹ بعد شکاری کی جگہ خون اور قیمے کی ٹکیا سی پڑی تھی۔ ہاتھی ایک بار پھر جنگل میں گھس کر غائب ہو گیا۔

اس واقعے کے بعد حکومت نے اس ہاتھی کے مارنے پر انعام دگنا کر کے ۱۰۰۰ روپے کر دیا۔ اس انعام سے مجھے بھی لالچ ہوا کہ میں اس ہاتھی کو شکار کروں۔

پاناپتی پہنچ کر میں نے اس حالیہ حادثے کے مقام کا معائنہ کیا۔ مجھے اس ہاتھی کی درندگی پر حیرت ہوئی کہ وہ کیسے آگ کے دائرے میں گھسا ہو گا۔ وہ جگہ بالکل پاس ہی تھی جہاں ہاتھی نے شکاری کو ہلاک کیا تھا۔ اس وقت تک بیچارے شکاری کی باقیات تک کو کوے ہڑپ کر گئے تھے۔

پاناپتی لوٹ کر میں نے اپنی مدد کے لئے ایک مقامی چرواہے کو تیار کیا۔ یہ چرواہا جنگل سے بخوبی واقف اور اچھا کھوجی تھا۔ یہاں پر جگہ جگہ ہاتھی کے پیروں کے نشانات تھے۔ مسئلہ یہ تھا کہ تازہ نشانات کیسے تلاش کریں جس کا پیچھا کیا جا سکے۔ یہ کام بظاہر

ناممکن سا لگتا تھا کیونکہ ہاتھی اب دریا کے دوسرے کنارے جنگل میں یا پھر اس طرف کی پہاڑیوں کی طرف نکل گیا ہو گا جو بمشکل ۴ میل دور تھیں۔

"وڈاپٹی" والا کنارا دو میل چوڑی پھولدار گھاس سے ڈھکا ہوا تھا۔ یہ گھاس تقریباً دس فٹ بلند تھی اور نہایت خوبصورت پھولوں سے ڈھکی ہوئی تھی۔ یہ پھول صبح سویرے گرنے والی شبنم سے چمک رہے تھے۔ یہ گھاس اتنی گھنی تھی کہ یہاں گز بھر دور کی چیز بھی نہ دکھائی دیتی۔ ہاتھی کے گزرنے کے نشانات موجود تھے اور ہاتھی کے بوجھ تلے کچلے جانے والے پھولوں کے تنے اب آہستہ آہستہ دوبارہ اٹھ رہے تھے۔

اس گھاس کی پٹی کی چوڑائی ۱۰۰ سے ۲۰۰ گز تک تھی۔ یہاں پہاڑیاں بالکل متصل تھیں۔ ان میں گھسنا اور پھولدار گھاس میں گھسنا یکساں خطرناک تھا۔ اس جگہ ہر طرف بانس کے درخت گرے ہوئے تھے جن کے باعث قدم بڑھانا ناممکن تھا۔

ہم نے اس علاقے میں چار روز تک ہاتھی کی تلاش جاری رکھی۔ ہماری یہ تلاش دریائے کاویری سے لے کر ۳۵ میل دور ایک بند تک جاری رہی۔ ہمیں کہیں بھی ہاتھی کے نشانات نہ ملے۔

پانچویں دن دوپہر کو میں اور میرا ساتھی کھوجی دوبارہ دریائے کاویری کے کنارے تھے۔ اس بار میں نے فیصلہ کیا کہ اس بار ہم دریا سے اوپر کی طرف تلاش کرتے ہیں۔ تین میل کا فاصلہ ہم نے گرے ہوئے درختوں، گھنی گھاس اور پتوں سے بڑی مشکل سے طے کیا۔ یہاں ہمیں ہاتھی کے پیروں کے بالکل تازہ نشانات ملے۔ یہ نشانات آج صبح کے تھے اور ہاتھی دوسرے کنارے سے اس طرف پہنچا تھا۔ یہ نشانات پاگل ہاتھی کے نشانات سے مماثل تھے۔

اب پیچھا کرنا آسان ہو گیا۔ نشانات نہ صرف تازہ اور واضح تھے بلکہ ہاتھی کے

گزرنے کے باعث راستہ سا بھی بنا ہوا تھا۔

یہاں ہم لوگ نشانات کا پیچھا کرتے کرتے پہاڑی تک آن پہنچے۔ یہاں ہمیں ہاتھی کی لید کا ڈھیر دکھائی دیا۔ یہ لید تازہ تھی لیکن اس میں حرارت باقی نہیں تھی۔ ہم مزید آگے بڑھے۔ وادی میں پہنچ کر ہم نے لید کا ایک اور ڈھیر دیکھا۔ یہ بھی سرد ہو چکا تھا۔ یعنی ہاتھی اب بھی ہم سے کافی آگے تھا۔

تھوڑا سا آگے چل کر ہم نے دیکھا کہ ہاتھی نے اچانک اپنا رخ بدلا ہے اور وہ اب دریائے کاویری کی طرف جا رہا ہے۔

ہمیں خطرہ ہوا کہ کہیں ہاتھی دریائے کاویری عبور کر کے ہم سے بچ نکلنے میں کامیاب نہ ہو جائے۔ ہر ممکن تیزی سے آگے بڑھتے ہوئے آگے ہم نے ایک جگہ ہاتھی کی بالکل تازہ اور گرم لید دیکھی۔ پیشاب ابھی بھی زمین میں پوری طرح جذب نہ ہوا تھا۔ آخر کار ہم ہاتھی کے بہت نزدیک پہنچ گئے تھے۔

اب ہم نے باقاعدہ دوڑ شروع کر دی کہ ہم ہاتھی سے قبل یا پھر اس کے ساتھ ہی دریائے کاویری تک پہنچیں۔ یہاں ٹوٹے ہوئے درختوں کی شاخوں سے پانی رس رہا تھا جو ظاہر کرتا تھا کہ ہاتھی ابھی ابھی یہاں سے گزرا ہے۔

آخر کار ایک ڈھلوان عبور کرتے ہی پانی بہنے کی آواز آئی۔ موڑ مڑتے ہی دریائے کاویری ہمارے سامنے تھا۔ خاموشی اور احتیاط سے آگے بڑھتے ہوئے ہم نرم ریت تک پہنچے۔ یہاں ہمارے اندازے کے برعکس ہاتھی نے دریا عبور کرنے کی بجائے دریا کے ساتھ ساتھ ہی چلتے رہنے کا فیصلہ کیا تھا۔

۱۵۰ گز مزید دور جا کر ہمیں ایک چھوٹا سا گڑھا دکھائی دیا جس میں پانی جمع تھا اور ہاتھی کے کلیلیں کرنے کی آوازیں بھی آ رہی تھیں۔ ہاتھی نہا رہا تھا۔

خوش قسمتی سے ہوا ہاتھی سے ہماری طرف چل رہی تھی۔ ہم احتیاط سے اور جھک کر بڑھے تو ہاتھی دکھائی دیا۔ اس کا منہ دوسری طرف تھا۔

یہاں اس زاویے سے یہ کہنا بالکل ناممکن تھا کہ یہ ہاتھی وہی پاگل ہاتھی ہی ہے۔ ہم نے انتظار کی ٹھانی کہ کب ہاتھی اپنا رخ بدلتا ہے۔

۵ منٹ مزید نہانے کے بعد اچانک ہاتھی اٹھا اور گڑھے سے باہر نکلا۔ اس وقت تک بھی اس کا رخ مخالف سمت تھا اور ہم اس کے دانت نہ دیکھ سکے تھے۔

اب ہم نے بعجلت فیصلہ کرنا تھا کہ کیا کریں۔ اگر ہاتھی ایک بار دریا کے کنارے پہنچ جاتا تو پھر گم ہو جاتا۔ میں اچانک دو بار چٹکی بجائی۔ یہ آواز ہاتھی کے حساس کانوں تک فوراً پہنچی اور وہ رک گیا۔ پھر وہ مڑا۔ یہ وہی پاگل ہاتھی تھا جس کا صرف ایک بیرونی دانت تھا۔ اس کا یہ دانت دائیاں تھا، بائیں جانب والا دانت غائب تھا۔ اس کی سونڈ وحشیانہ انداز میں اٹھی ہوئی تھی۔ اس نے سیکنڈ سے بھی کم وقت میں ہمیں تلاش کر لیا۔ سونڈ لہراتے ہوئے وہ ہماری جانب بڑھا۔

اسی لمحے میری اعشاریہ ۴۰۵ بور کی رائفل بول پڑی۔ یہ گولی اس کی سونڈ سے ہوتی ہوئی اس کے حلق سے گذری اور اس کی شہ رگ میں سوراخ کر گئی۔ ہاتھی وہیں رک گیا۔ اس کے حلق سے خون فوارے کی مانند نکل رہا تھا۔ اس نے مڑنے کی کوشش کی۔ اتنے میں میں نے مزید دو گولیاں اس کے ماتھے اور کان کے پیچھے اتار دیں۔ یہ دونوں گولیاں مہلک ثابت ہوئیں اور ہاتھی گر گیا۔ اس کے سارے بدن پر کپکپی طاری تھی اور گڑھے کا پانی سرخ ہو چلا تھا۔ چند منٹ ہی میں اس کی روح نکل گئی۔

* * *

۱۰ بیرا اپچاری

جب بیرا اپچاری سے میری پہلی ملاقات ہوئی، اس نے صرف ایک لنگوٹی نما چیز پہن رکھی تھی۔ لنگوٹی بھی کیسی کہ محض تین انچ چوڑی کپڑے کی دھجی تھی جو ٹانگوں کے درمیان سے ہو کر کمر پر ایک غلیظ دھاگے سے بندھی ہوئی تھی۔ لیکن وہ ایک نہایت عمدہ شخص اور میرا دوست ہے۔

میری بیرا سے پہلی ملاقات کو اب پچیس سال سے زیادہ کا عرصہ ہو چکا ہے۔ یہ ملاقات کچھ ایسے ہوئی تھی۔

صبح کاذب کا وقت تھا۔ مشرقی افق سے آنے والی روشنی سے متھور کا بنگلہ اور اس کے گرد موجود پہاڑیاں روشن ہو رہی تھیں۔ ان کی وجہ سے یہاں سے گذرنے والی ندی کو دریائے چنار کا نام دیا گیا تھا۔ یہاں دریا گھنے جنگل سے نکل کر تنگ سا موڑ کاٹ کر سات میل دور دریائے کاویری سے جاملتا ہے۔ گرمیوں کا موسم تھا اور دریائے چنار بالکل خشک پڑا تھا۔

میں حسب معمول جلدی اٹھا تھا اور جنگل کی سیر پر نکل کھڑا ہوا۔ دریائے چنار کی سنہری ریت پر چلتے ہوئے میں ریچھ سے مڈ بھیڑ کا منتظر تھا۔ اس موسم میں ریچھ اس وقت دریا کے کنارے مختلف پھلوں کی تلاش میں آتے تھے۔ میرا اندازہ تھا کہ اگر ریچھ نہ سہی، تیندوے سے تو لازماً ہی ملاقات ہو جائے گی۔ مجھے یہ بھی علم تھا کہ اس وقت تیندوے کنارے کے جنگل کی گھنی گھاس میں دُبکے شکار کا انتظار کر رہے ہوں گے۔ ان

دنوں سانبھر، ہرن، جنگلی بھیڑ اور چیتل وافر مقدار میں ملتے تھے۔ اگرچہ میرا ارادہ شکار کا بالکل بھی نہیں تھا۔

ابھی میں بنگلے سے میل بھر ہی دور گیا ہوں گا۔ صبح کاذب کی روشنی تیزی سے ختم ہو رہی تھی۔ اچانک میں نے پہلے جنگلی مرغ پھر مور کی آواز سنی۔ پھر سامنے والی مہندی کی جھاڑیوں میں عجیب سی سرسراہٹ ہوئی۔ میرے پاس اتفاق سے ٹارچ موجود تھی۔ اس لئے میں بہت احتیاط کے ساتھ اس جھاڑی سے دس فٹ کے فاصلے پر جا کر کھڑا ہو گیا۔ یہاں میری نظر ایک گڑھے پر پڑی جو کہ تین فٹ چوڑا اور تین ہی فٹ گہرا تھا۔ اس میں فٹ بھر پانی بھرا تھا جو دریا کی تہہ سے نکل آیا تھا۔ مجھے اندازہ ہو گیا کہ یہ کسی غیر قانونی شکاری کا کام ہے۔ یہ شکاری یہاں کسی ہرن وغیرہ کے انتظار میں بیٹھا ہو گا۔ اس کے پاس توڑے دار بندوق ہو گی جو اس ہرن بیچارے کا کام تمام کر دے گی۔ جو آواز پیدا ہوئی تھی وہ شاید یا تو مجھے دیکھ کر شکاری کے چھپنے کی کوشش میں پیدا ہوئی ہو گی یا پھر اس نے رات بھر جاگنے کے بعد اب نیند کی حالت میں کروٹ بدلتے ہوئے نکالی ہو گی۔

میں نے تامل زبان میں زور سے اس شکاری کو کہا کہ وہ باہر نکلے ورنہ میں اسے گولی مار دوں گا۔ پہلے پہل تو خاموشی رہی۔ میں چند قدم اور آگے بڑھا تو ایک تاریک سا سایہ ان جھاڑیوں سے نکلا۔ میرے سامنے رُک کر اس نے اپنا ماتھا زمین پر تین بار رگڑا۔

میں نے اسے اٹھنے کا حکم دیا اور پوچھا "تم کون ہو؟" اس نے جواب دیا "بیرا، ایک پجاری!"۔ میں نے پوچھا "بندوق کہاں ہے؟" اس نے حیرت سے پوچھا "کون سی بندوق؟ کیسی بندوق؟ میرے جیسے سیدھے سادھے بندے کے پاس بندوق کہاں سے آئی مالک؟ میں تو ایک مسافر ہوں۔ رات کو ادھر سے گذرتے ہوئے راستہ بھول گیا تو تھک کر ادھر سو گیا۔ میں نے تو آج تک بندوق دیکھی تک نہیں۔" میں نے پھر کہا "بندوق اٹھا کر

باہر لاؤ۔" وہ چند لمحے تذبذب کا شکار رہا پھر جھاڑی میں گھس کر ایک پرانی توڑے دار بندوق لا کر میرے قدموں میں ڈال دی۔ یہ عجیب بندوق گز بھر لمبی اور پتلے سے بمشکل تین ان چوڑے کندے پر مشتمل تھی۔

بیرا سے یہ میری پہلی ملاقات تھی۔ بیرا جو کہ ایک پجاری اور چوتھائی صدی سے میرا دوست ہے۔ اس نے ہی مجھے جنگل اور اس کی نباتات اور حیوانات کے بارے سب کچھ بتایا ہے۔

"تم نے کیا شکار کیا ہے؟" اس نے میرے قدموں پر جُھک کر کہا" ساری رات بیکار ہی گذری مالک۔" میں نے پھر سختی سے پوچھا" کیا شکار کیا ہے؟" اس بار اس نے مجھے اپنے پیچھے آنے کا کہا۔ دریا کے کنارے ریتلی زمین پر ایک مادہ سانبھر مردہ پڑی تھی۔ اس کی گردن میں ایک بڑا سا سوراخ تھا جس سے خون نکل نکل کر آس پاس کی زمین کو سرخ کر گیا تھا۔

میں نے اسے غصے، نفرت اور ناراضگی کے ملے جُلے تاثر سے دیکھا تو وہ بولا "مالک، ہم بھوکے ہیں۔ اگر شکار نہ کریں تو کھائیں کیسے اور اگر نہ کھائیں تو زندہ کیسے رہیں؟"

اس سے چند گز دور بیٹھ کر میں نے اسے بیٹھنے کا اشارہ کیا اور اپنا تمباکو نکال کر اس کی طرف بڑھایا۔ اس نے پہلے تو کافی مشکوک ہو کر تمباکو کو ہتھیلی پر رکھ کر سونگھا، پھر خوش ہو کر اسے چبانے لگا۔ کئی منٹ اسی طرح گذرے اور مجھے بھی مجبوراً خاموش رہنا پڑا۔

"مالک فارسٹ گارڈ کو میری بندوق کے بارے تو نہیں بتائیں گے؟ یہ میرا واحد روزگار کا ذریعہ ہے۔ فارسٹ گارڈ کو علم ہوا تو وہ اسے چھین لے گا اور مجھے جیل ہو جائے گی۔ میری بیوی اور چار بچے بھوک سے مر جائیں گے۔" بیرا نے انتہائی متفکر انداز میں پوچھا۔

اب یہ کافی عجیب صورتحال تھی۔ جنگل میں شکار کا میرا لائسنس اس بات کا متقاضی تھا میں اس جنگل کے تمام غیر قانونی شکاریوں کو پولیس کے حوالے کروں۔ اس کے علاوہ مجھے اس بدمعاش سے کوئی ہمدردی نہیں ہونی چاہیئے جو کہ مادہ جانوروں کو بھی اتنی بے دردی سے مار رہا ہے۔ اس کے علاوہ اس کے شکار کا طریقہ بھی نہایت ظالمانہ تھا۔ پانی کے لالچ میں آنے والے پیاسے جانوروں کو مارتا تھا۔ دوسری طرف مجھے اس چھوٹے سے بندے پر بہت ترس بھی آرہا تھا۔ اس کی گفتگو سے یہ بات صاف ظاہر تھی کہ وہ مجھ سے امید لگائے ہوئے ہے۔ شاید یہ میرے تمباکو کا اثر ہو۔

براہ راست جواب سے بچتے ہوئے میں نے اس سے پوچھا کہ وہ کہاں رہتا ہے۔ اس نے جواب دیا" ہمارا کوئی گھر نہیں نہ ہی کوئی جھونپڑا اور نہ ہی کوئی کھیت۔ ہم سارا دن شہد تلاش کرتے ہیں۔ اگر کوئی چھتہ خوش قسمتی سے مل جائے تو ہم اسے پناگرام کے بازار میں بیچ دیتے ہیں۔ شہر کے چھوٹے برتن کے عوض ایک روپیہ ملتا ہے۔ اس سے ہم چار دن کے کھانے کے برابر راگی خرید لیتے ہیں۔ اگر شہد نہ ملے تو ہم "اودمبو" یعنی گوہ پکڑ لیتے ہیں۔ اس کا گوشت کھانے کے کام آتا ہے اور اس کی کھال بیچ دیتے ہیں۔ اس کی دم پناگرام کا ایک ڈاکٹر ہم سے مہنگے داموں خرید لیتا ہے۔ یہ ڈاکٹر بھی بہت شاندار آدمی ہے۔ وہ اسکی دم کو پکا کر مختلف دوائیوں میں ملاتا ہے۔ پھر اسے خشک کر کے پیستا ہے اور پھر اسے پیکٹوں کی صورت میں بیچتا ہے۔ آٹھ آنے فی پیکٹ یہ دوائیں مردانہ کمزوری کے لئے تیر بہدف نسخہ ہیں اور ہاتھوں ہاتھ بکتی ہیں۔ اس کے علاوہ اگر اس سفوف کی ایک چٹکی کسی لڑکی کے بائیں شانے پر ڈال دیں تو وہ فوراً ہی رام ہو جاتی ہے۔"

اس نے میری طرف دیکھتے ہوئے کہا" اگر مالک کو کوئی لڑکی پسند ہو اور وہ اسے رام نہ کر سکیں تو میں ان کے لئے یہ سفوف لا سکتا ہوں۔ یہ بالکل مفت ہو گا۔ ڈاکٹر میرا گہرا

دوست ہے اور اسے گوہ کی دم میری ہی مدد سے ملتی ہے۔ آپ کو صرف میم صاحب کے بائیں شانے پر اس سفوف کی چٹکی ڈالنی ہو گی اور بس میم صاحب ہمیشہ کے لئے آپ کی ہو جائیں گی۔"

میں نے اسے سختی سے کہا کہ وہ میری محبت کی فکر چھوڑے بلکہ اپنی کہانی جاری رکھے۔

"بعض اوقات جب ہم بہت بھوکے ہوں تو ہم جنگل میں مختلف جڑیں کھودتے ہیں۔ اس کے تنے پر تین پتے ہوتے ہیں۔ ان جڑوں کو آگ میں بھون کر یا پھر نمکین پانی میں کڑی مصالحے کے ساتھ اُبالنے سے یہ بہت لذیذ ہو جاتی ہیں۔ رات کو میں، میری بیوی اور میرے بچے "انائی بدھا" دریا کے کنارے کھودے ہوئے گڑھے میں سوتے ہیں۔ گرم موسم میں جیسا کہ آپ جانتے ہیں، میں چھپ کر شکار کرنے جاتا ہوں تو میری بیوی اور بچے باری باری رات بھر جاگتے ہیں مبادا کہ ہاتھی آ جائیں۔ اگر ہاتھی آ جائیں تو جاگنے والا فرد باقیوں کو جگا دیتا ہے اور وہ سب بھاگ کر گڑھے کے کنارے اگے بڑے درخت پر چڑھ جاتے ہیں۔ یہ ہاتھی بہت بدمزاج ہیں اور فوراً ہی حملہ کر دیتے ہیں۔ سال قبل ہاتھیوں نے ایک پُجاری عورت کو اسی طرح کے ایک گڑھے سے نکال لیا تھا۔ وہ بے خبر سو رہی تھی۔ اسے سُونڈ میں جکڑ کر اور درخت کے تنے سے مار مار کر ہلاک کر دیا۔ جب بڑا جانور ہاتھ لگ جائے تو ہم نہ صرف خود اس کا گوشت کھاتے ہیں بلکہ اسے دھوئیں میں سکھا کر پنا گرام کے بازار میں پندرہ روپے کے عوض بیچ دیتے ہیں۔ پندرہ روپے میں مہینے بھر کا راشن آ جاتا ہے۔ امید ہے کہ مالک یہ سب جان کر فارسٹ گارڈ کو میری بندوق کے بارے نہیں بتائیں گے۔ اتفاق سے یہ میرے والد کو ان کے والد نے بطور تحفہ دی تھی اور اُس وقت اس کی قیمت تیس روپے تھی۔" اس نے مسکراتے ہوئے کہا۔

یہ بدمعاش اب امید بھری نگاہوں سے میری جانب دیکھنے لگا۔ اس کے ہونٹوں سے مسکراہٹ اور آنکھوں سے پریشانی جھلک رہی تھی۔ میرا احساس ذمہ داری بطور لائسنس ہولڈر کہیں دور جا سویا۔ میں نے ہر ممکن کوشش کی کہ انکار کروں لیکن میرے منہ سے بے اختیار نکلا "نہیں بیرا، میں بالکل بھی نہیں بتاؤں گا۔ یہ میرا وعدہ ہے۔"

وہ اُچھل کر کھڑا ہوا اور پھر اس نے پُجاریوں کے سے انداز میں تین بار اپنا ماتھا زمین پر ٹیکا اور بولا "میں تہہ دل سے مالک اپنی اور اپنے خاندان کی طرف سے آپ کا شکریہ ادا کرتا ہوں۔ آج سے ہم سب آپ کے غلام ہیں۔"

میں نے بیرا سے وعدہ لیا کہ وہ دن چڑھے میرے بنگلے پر آئے گا۔ دراصل میں اس سے اس جنگل کے درندوں کی بابت پوچھنا چاہ رہا تھا۔ واپسی پر جان بوجھ کر میں مردہ سانبھر سے دور ہو کر گذرا ورنہ شاید میرا ضمیر مجھے ملامت کرتا۔

وعدے کا پکا بیرا دس بجے میرے بنگلے پر پہنچا۔ سوالات کرنے پر پتہ چلا کہ دو دن قبل جب وہ سانبھر کی تلاش میں بیٹھا تھا تو ایک شیر اس سے پانچ فٹ کے فاصلے سے گذرا تھا۔ اس نے بتایا کہ یہ بوڑھا شیر اس علاقے میں ہی رہتا ہے اور عمر کی وجہ سے اس کی نقل و حرکت بہت محدود ہو چکی ہے۔

اس نے ایک اور داستان سنائی۔ پچھلے ماہ وہ اسی طرح چھپا ہوا اپنی توڑے دار بندوق کے ساتھ سانبھر کا انتظار کر رہا تھا۔ اچانک پانی کے گڑھے پر ایک چیتل نمودار ہوا۔ چاند پوری طرح چمک رہا تھا۔ اس نے نشانہ لے کر گولی چلائی اور چیتل وہیں ڈھیر ہو گیا۔ بیرا نے بندوق دوبارہ بھری اور سونے کی تیاری کرنے لگا۔ اچانک ایک شیر نزدیکی جھاڑیوں سے نکلا اور سیدھا چیتل کی لاش پر آ کر رُکا۔ شیر نے لاش کو سُونگھا اور پھر اسے اٹھا کر چلتا بنا۔ بیرا نے اپنی توڑے دار بندوق کی وجہ سے ہلنے کی جرأت بھی نہ کی کہ اسے ایک بار

چلانے کے بعد دوبارہ بھرنے میں کافی وقت لگتا تھا۔

اس وقت میرے ساتھ کوئی چارے کا جانور نہیں تھا۔ میں اگر کسی کو پنا گرام بھیجتا تو وہ جانور لے کر تب پہنچتا جب دن کی روشنی ختم ہو چلی ہوتی۔ میں نے فیصلہ کیا کہ رات کو بیرا کے ساتھ "امیراں ووڈو" کے کنارے بیٹھوں۔ میں نے بیرا کو یہ صاف کہہ دیا کہ جب تک وہ میرے ساتھ رہے گا، اسے غیر قانونی شکار کا خیال تک نہ آئے۔

چھ بجے ہم دونوں ندیوں کے درمیان والے جنگل میں بیرا کی بنائی ہوئی کھوہ نما پناہ گاہ میں بیٹھ گئے۔ یہ نہایت آرام دہ تھی۔ راتیں کافی گرم تھیں۔ بیرا صرف لنگوٹی پہنے ہوئے تھا۔ اس دن میں نے بیرا سے یہ سبق سیکھا کہ شکار کے انتظار میں کیسے بیٹھا جاتا ہے۔ جب بیرا بیٹھا تو ساری رات اس کی ٹانگ یا بازو تک بھی نہیں ہلا۔ دو بجے تک جب کوئی جانور نہ دکھائی دیا تو میں بے صبرا ہو کر سو گیا۔ صبح جب منہ اندھیرے بیدار ہوا تو بیرا ابھی تک اسی انداز میں بیٹھا ہوا تھا۔

میری مایوسی کا اندازہ کرتے ہوئے اس نے مجھے مدد کی پیش کش کی کہ دن چڑھے وہ میرے ساتھ شیر کے پگ تلاش کرنے نکلے گا۔ بنگلے میں آکر، ناشتہ کر کے اور غسل سے فارغ ہو کر ہم نو بجے سے پہلے پلٹ آئے۔ میل بھر آگے جا کر ہم نے دیکھا کہ ایک بڑے نر شیر کے پگ دکھائی دیئے۔ یہ شیر شاید رات کو ادھر سے گذرا تھا۔ زمین اتنی سخت تھی کہ پگ کا پیچھا کرنا ممکن نہ تھا۔ بیرا کا خیال تھا کہ اسے چند ایسی جگہیں معلوم ہیں جہاں شیر کی موجودگی ممکن ہے۔

ہم لوگ آگے بڑھتے چلے گئے۔ پوری وادی کی گھنی گھاس اور جھاڑیاں چھان ماریں۔ بانس کے جھنڈ بھی نہ چھوڑے۔ ایک بار ہمیں ہاتھی کی وہ آواز سنائی دی جو وہ خوراک کو ہضم کرتے ہوئے نکالتا ہے۔ ہمیں علم تھا کہ اگر اس حالت میں ہاتھی کو چھیڑا

جائے تو وہ بہت خطرناک بھی ہو سکتا ہے۔ ہم نے راستہ بدل کر دوسری سمت سے پیش قدمی جاری رکھی۔

اب ہم اس جگہ آ گئے جہاں جنگل صرف جھاڑیوں پر مشتمل تھا۔ ہر طرف چھوٹے چھوٹے پتھر بکھرے پڑے تھے۔ بیرا نے بتایا کہ شیر اور ریچھ اسی جگہ کے غاروں میں رہتے ہیں۔ پتھریلی زمین پر چلنے اور سخت گرمی کی وجہ سے ہمیں نشانات نہ دکھائی دیئے۔ میں نے واپسی کا ارادہ کیا۔ بیرا نے مزید کچھ دور چلنے کی درخواست کی۔

جلتے سورج کے پسینے سے شرابور ہم آخر کار پہاڑی کی چوٹی تک آ گئے جہاں سے دوسری طرف کی ڈھلوان شروع ہوتی تھی۔ اس جگہ اترائی چڑھائی سے زیادہ دشوار تھی اور زیادہ پتھریلی بھی۔ آخر کار ہم اس جگہ پہنچے جہاں کئی غار تھے۔ بیرا نے کہا کہ میں سائے میں بیٹھ جاؤں اور وہ ادھر ادھر کا جائزہ لے کر آتا ہے۔ بخوشی میں بیٹھ گیا اور پائپ سلگا لیا۔ بیرا جلد ہی نظروں سے اوجھل ہو گیا۔

دس منٹ بعد ہی بیرا لوٹ آیا۔ وہ بہت پر جوش دکھائی دے رہا تھا اور اس ے بتایا کہ اس نے شیر کی بو محسوس کی ہے۔ شیر لازماً یہیں کہیں نزدیک ہی چھپا ہوا ہے۔ اس وقت تک میں سخت مایوس اور تھک چکا تھا۔ میں نے کافی سخت لہجے میں اسے بکواس بند کرنے کو کہا۔ اس نے حیرت سے مجھے دیکھا اور اس کے چہرے پر عجیب سے تاثرات پیدا ہوئے۔ وہ بولا آئیں اور اپنی آنکھوں سے دیکھ لیں۔ اس نے اتنا کہا اور میرے جواب کا انتظار کئے بنا چل دیا۔

رائفل اٹھائے میں اس کے پیچھے پیچھے چلا۔ فوراً ہی غار ہمارے سامنے تھے۔ بیس گز نزدیک جا کر بیرا نے مجھ سے کہا کہ اسے شیر کی بو آ رہی ہے۔ مجھے کچھ نہ محسوس ہوا۔ کچھ اور پاس ہو کر اس نے پھر سونگھنے کو کہا۔ اس بار میں نے بو کو صاف محسوس کیا۔ ایسی بو جو

گلی سڑی سبزیوں سے آتی ہے۔ میرے کئی سال کے مشاہدے نے بتایا تھا کہ یہ بو شیر سے ہی آتی ہے۔

بیرا نے سر اٹھا کر ان پانچ غاروں کا جائزہ لیا جو سامنے تھے۔ اس نے کافی دیر جائزہ لے مجھے بتایا کہ ان میں سے چوتھا غار ایسا ہے جہاں شیر کی موجودگی کا امکان ہے۔ یہ غار میرے اندازے کے مطابق بالکل بھی شیر کے لئے موزوں نہیں تھا۔

میں نے غیر یقینی انداز سے اسے دیکھا۔ اس نے میرے تاثرات کو نظر انداز کر کے مجھے پیچھے آنے کا اشارہ کیا۔ ہم لوگ جلد ہی اس جگہ پہنچ گئے جہاں پتھر سے سر نکال کر ہم غار میں جھانک سکتے تھے۔ میں نے سر اٹھا کر جھانکا تو وہ جگہ خالی تھی۔ دوسرے ہی لمحے جیسے کسی نے جادو کی چھڑی گھمائی ہو، ایک بہت بڑے شیر کا سر نمودار ہوا جس کی آنکھوں سے تحیر جھلک رہا تھا۔

بمشکل آٹھ فٹ کی دوری سے میری گولی اس کی آنکھوں کے عین درمیان لگی۔ شیر اس ڈھلوان پر لڑھکتا ہوا بالکل اس پتھر پر آ کر ٹک گیا جو میرے سامنے تھا۔ اس کا بھاری سر اس کے اگلے پنجوں کے درمیان تھا، سبزی مائل آنکھیں نیم وا تھیں اور پیشانی سے خون کی دھار نکل رہی تھی۔

بیرا کی جنگل کے بارے معلومات کے امتحان کا یہ پہلا مرحلہ بخوبی طے ہوا۔ میں حد سے زیادہ خوش تھا لیکن بیرا پر اپنی خوشی ظاہر نہ ہونے دی۔ گذرتے سالوں سے ہماری دوستی اور اعتماد کا رشتہ پختہ ہونے لگا اور آج تک مجھے بیرا سے دوستی پر کبھی افسوس نہیں ہوا۔

ذیل میں بیرا کے ساتھ بے شمار واقعات میں سے دو واقعات درج ذیل ہیں۔ پہلا واقعہ تلوادی کے ریچھوں کے بارے ہے جہاں بیرا نے بخوشی مجھے بچانے کے لئے اپنی

جان خطرے میں ڈال دی۔ دوسرا منداچی پالم کے آدم خور شیر کے بارے ہے۔

تلوادی دراصل ایک وسیع وادی کا نام ہے جہاں تلوادی نام کی ایک ندی گذرتی ہے۔ جہاں میری بیرا سے پہلی ملاقات ہوئی تھی، یہ جگہ ادھر سے گیارہ میل دور ہے اور سالم ضلع کے دور افتادہ جگہوں میں سے ایک۔

تلوادی ندی آئیور کے مقام پر جہاں سے گذرتی ہے، اسے میں مکڑیوں کی وادی کے نام سے جانتا ہوں۔ یہاں سرخ اور پیلی مکڑیوں کے جالے ہر جگہ موجود ہیں۔ یہ جالے بیضوی شکل کے اور بیس فٹ تک لمبے ہو سکتے ہیں۔ درمیان میں مکڑی خود ہوتی ہے جو عموماً نو انچ تک لمبی ہوتی ہے۔ اتنی بڑی جسامت کے باوجود یہ مکڑیاں بہت زود رنج اور غصیلی ہوتی ہیں۔ اس کا شکار پتنگے اور تتلیاں ہوتے ہیں۔ جنگل کے دوسرے حشرات بھی یہ نہیں چھوڑتیں۔ یہ مکڑیاں اپنی ہی نسل کی دوسری مکڑیوں کے لئے بھی یکساں خطرناک ہوتی ہیں۔ اپنے جالے میں دوسری مکڑی کی موجودگی کا مطلب دونوں میں سے ایک نہ ایک مکڑی کی ہلاکت ہے۔

تلوادی کی ندی اس مقام سے گذرتی ہے اور دو شاخوں میں منقسم ہو جاتی ہے۔ چھوٹی شاخ جنوب کی طرف کمپی کاری کی وادی کی جانب دریائے چنار سے جا ملتی ہے۔ یہ علاقہ کمپی کاری کے پاگل ہاتھی کی بھی آماج گاہ رہا ہے۔ جس نے سات آدمی، دو تین مویشی مار ڈالے تھے اور پانچ یا چھ بیل گاڑیاں بھی تباہ کر دی تھیں۔ ایک تین ٹن وزنی لاری جو بانس لاد کر جا رہی تھی، کو بھی الٹ دیا۔ ندی کا بڑا حصہ مغرب کی جانب بہتے ہوئے چند میل بعد جنوب مغرب کا رخ کر لیتا ہے۔

یہ حصہ بالعموم گھنے جنگلات سے بھرا ہوا ہے۔ پہاڑی علاقے نسبتاً چھدرے لیکن باقی ہر جگہ بانس بھرا ہوا ہے۔ اس کے اختتام پر بلگنڈلو نامی مچھیروں کی بستی ہے۔ اس

سارے علاقے میں ہاتھیوں اور بھینسوں کے غول موجود ہیں۔ اکا دکا شیر بھی پائے جاتے ہیں۔ تلوادی بذات خود گھنی گھاس سے ڈھکی اور تیندوؤں کا مسکن ہے۔ یہاں ریچھ، جنگلی سور، سانبھر، بھونکنے والے ہرن اور مور بھی اتنی بڑی تعداد میں ہیں جو میں نے کہیں اور نہیں دیکھے۔

کہانی کی ابتداء کچھ اس طرح ہوتی ہے کہ بیرا نے مجھے پوسٹ ماسٹر کے ذریعے خط بھیجا۔ اس میں لکھا تھا کہ ایک بہت بڑا تیندوا ماتھور انچٹی والی سڑک کے گیارہویں میل سے پندرہویں میل کے درمیان مویشی مار رہا ہے۔ خط میں یہ بھی لکھا تھا کہ یہ تیندوا عام شیر سے بھی زیادہ بڑا ہے۔

پانچ دن کی چھٹی لے کر میں ڈینکانی کوٹہ کے شارٹ کٹ سے ہوتا ہوا انچٹی اور پھر ماتھور پہنچا جہاں میری ملاقات بیرا سے ہوئی۔ یہاں سے ہم پندرہویں میل کی طرف پلٹے جو وادی میں ہی تھا۔ سڑک بالکل تباہ شدہ تھی۔ راستے میں کئی ندیاں تھیں اور راستہ جگہ جگہ بیل گاڑیوں کی آمد ورفت کی وجہ سے کٹا پھٹا تھا۔ راستے میں ہی بڑے بڑے پتھر بکثرت تھے جو کہ کار اور اس کے مالک سے خراج وصول کرتے تھے۔ خیمہ لگا کر ہم لوگ مویشی پٹی کی طرف چلے گئے جو یہاں سے پون میل دور ہے۔ یہاں میں نے بذات خود تیندوے کے بارے سنا۔ تیندوے نے ریوڑ پر حملہ ساڑھے پانچ بجے کیا جب ریوڑ گاؤں واپس لوٹ رہا تھا۔ اس نے حملے کے لئے سب سے بڑی گائے کا انتخاب کیا۔ کئی چرواہوں نے تیندوے کو بھگانے کی کوشش کی لیکن الٹا تیندوا ان پر غراتا رہا۔ میرے علم کے مطابق یہ تیندوا کسی ایک جگہ نہیں رہتا تھا اور چار میل چوڑا علاقہ اس کی آماج گاہ تھا۔

چرواہوں کو جانور بیچنے پر مجبور کرنا بہت مشکل کام ہے۔ وہ یہ جانتے ہوئے بھی کہ تیندوے کی ہلاکت ان کے لئے ہی فائدہ مند ہو گی، وہ مذہبی تقدس کے باعث مجبور تھے۔

خیر مختلف طریقے آزما کر میں نے دو عدد تقریباً جوان جانور خریدے۔ ایک کو دریا کے کنارے اور دوسرے کو چودھویں سنگ میل کے ساتھ باندھا۔

اب میرا کام صرف انتظار کرنا ہی تھا کہ تیندوا کب انہیں ہلاک کرتا ہے۔ یہاں مور اور جنگلی مرغ بکثرت تھے۔ لیکن ان پر گولی چلاتا تو تیندوا بھاگ جاتا۔ صبح شام میں وادی کا چکر لگاتا کہ شاید تیندوے یا پھر کسی شیر سے مڈ بھیڑ ہو جائے۔

خوش قسمتی سے تیسرے ہی دن شام کو سات بجے مجھے اطلاع ملی کہ اسی روز تیندوے نے دوسری مویشی پٹی سے ایک گائے ماری ہے جو یہاں سے تین میل دور ہے۔ جونہی گاؤں والوں کو خبر ہوئی، انہوں نے میری طرف ہرکارہ بھیج دیا۔

رائفل اٹھاتے ہوئے میں نے ٹارچ اور اوورکوٹ بھی اٹھائے اور اس جگہ کا رخ کیا جہاں گائے ماری گئی تھی۔ کئی فرلانگ قبل ہی میں نے ٹارچ بجھا دی اور اس طرح ہم لوگ احتیاط سے چلنے لگے۔ پہاڑیوں سے نصف چاند طلوع ہو رہا تھا۔ یہاں ایک تنگ موڑ مڑتے ہی تیندوا دکھائی دیا۔ وہ مردہ گائے کے پیچھے عین راستے کے درمیان چھپا ہوا تھا۔

میرے پاس بارہ بور کی بندوق تھی جو کم فاصلے کے لئے مناسب ہی۔ میری ونچسٹر رائفل بیرا اٹھائے میرے پیچھے تھا۔ قبل اس کے کہ میں بندوق اٹھاتا، تیندوے نے چھلانگ لگائی اور جھاڑیوں میں گم ہو گیا۔

میں نے سرگوشی میں بیرا سے کہا کہ وہ چرواہے کے ساتھ باتیں کرتا ہوا واپس چلے تاکہ تیندوا دھوکا کھا جائے کہ ہم جا چکے ہیں۔ میں خود بیس قدم دور کھجور کے ایک جھاڑی نما درخت کے پیچھے چھپ گیا۔

تیندوے نے جلد ہی اپنی موجودگی کی اطلاع آواز نکال کر بہم پہنچائی۔ پھر یہ آواز اس طرف سے آئی جہاں بیرا اور چرواہا گئے تھے۔ شاید وہ پوری تسلی کرنا چاہتا ہو گا۔ گھنٹہ

بھر کی خاموشی کے بعد تیندوا اچانک ہی نمودار ہوا۔ وہ اب بھی اس راستے کی طرف دیکھ رہا تھا جہاں سے ہم لوگ آئے تھے۔

نیم تاریکی میں میں نے اس کے شانے کے پیچھے ہر ممکن احتیاط سے نشانہ لے کر گولی چلائی۔ تیندوا گز بھر ہوا میں اچھلا۔ زمین پر آئے بغیر اس نے ہوا ہی میں چھلانگ لگائی اور دوسری گولی چلانے سے قبل ہی گم ہو گیا۔ بلاشبہ اس کے فرار کے وقت کی آوازیں بتا رہی تھیں کہ وہ زخمی ہو چکا ہے۔ چند منٹ بعد خاموشی چھا گئی۔ میں نے مزید وقت گذارنا بیکار سمجھا اور واپس چل دیا۔

اگلی صبح ہم لوگ منہ اندھیرے اس جگہ واپس لوٹے۔ یہاں فوراً ہی بیرا نے تیندوے کے خون کے نشانات تلاش کر لئے۔ اس بار میں رائفل سے مسلح تھا۔ بیرا میرے پیچھے پیچھے چل رہا تھا۔ مجھے خوشی ہوئی کہ میرے Lg کے چھرے تیندوے کو لگے تھے۔ اس طرح تیندوے کی تلاش اور حملہ کی صورت میں اسے روکنا میرے ذمہ تھا۔ بیرا میرے پیچھے نسبتاً محفوظ رہ کر کھوج لگاتا آ رہا تھا۔

سو گز دور ہی ہمیں تیندوے کے رکنے کا پہلا نشان ملا۔ یہاں سے تیندوا ایک نزدیکی نالے میں گھس گیا تھا جہاں گھنی جھاڑیاں تھیں۔ یہاں پیچھا کرنا نہ صرف مشکل بلکہ خطرناک بھی ہوتا۔

پنجوں کے بل چلتے ہوئے ہم بار بار رک کر تیندوے کے لئے ادھر ادھر دیکھتے رہے۔ ہمیں علم نہ تھا کہ تیندوا زندہ ہے یا مر چکا ہے۔ یہاں میں بار بار جھاڑیوں اور گھاس میں اسے تلاش کرتا رہا۔ خوش قسمتی سے یہاں چٹانیں اور درخت بہت کم تھے۔

اسی طرح ہم چند ہی قدم چلے ہوں گے کہ اچانک میرے سامنے ایک گڑھے سے ایک عجیب الخلقت جانور نکلا۔ یہ ایک مادہ ریچھنی اور اس کا بچہ تھے جو اس گڑھے میں سو

رہے تھے۔

ریچھنی کے سینے پر V کا نشان بالکل صاف دکھائی دے رہا تھا۔ وہ نسبتاً اوپر کو اٹھی۔ اس کا انداز کافی جارحانہ اور غصیلا تھا۔ پھر وہ دوبارہ چاروں پیروں پر جھکی اور سیدھا ہماری طرف آئی۔ میری رائفل بالکل اس کے کھلے منہ میں تھی کہ میں نے فائر کیا۔ اس لمحے وہ ہوا جس پر شکاری کی زندگی اور موت کا دارومدار ہوتا ہے۔ یعنی "مس فائر"

اس نے رائفل کو دانتوں میں جکڑ کر اس پر پنجہ مارا اور رائفل میرے ہاتھ سے چھوٹ گئی۔ اپنے دفاع میں پیچھے ہٹتے ہوئے میں ٹھوکر کھا کر گرا۔ ریچھنی میری طرف لپکی تاکہ مجھے نوچ سکے۔ عموماً یہ جانور سب سے پہلے چہرہ نوچتے ہیں۔ اس لمحے بیرا نے وہ عظیم ایثار کیا جو مجھے ساری زندگی اس کا احسان مند رکھنے کے لئے کافی ہے۔

وہ چھلانگ لگا کر میرے اور ریچھنی کے درمیان آیا اور پوری قوت سے چلانے کی کوشش کی تاکہ ریچھنی بھاگ جائے۔ اسے صرف اتنی کامیابی ہوئی کہ ریچھنی اب اسے بھلا کر بیرا پر حملہ آور ہوگئی۔

چونکہ بیرا آخری لمحے اس کے سامنے آیا تھا، ریچھنی کے دانت اس کے شانے میں گڑ گئے۔ اس کے پنجوں نے بیرا کے سینے، کمر اور پہلوؤں کو چھیل کر رکھ دیا۔ بیرا نیچے گرا اور ریچھنی اس پر لپٹی ہوئی تھی۔ میں فوراً رائفل کی طرف لپکا۔ میں نے مس فائر والا کارتوس نکالنے کی کوشش کی تو پتہ چلا کہ لیور کام چھوڑ چکا ہے۔ چند ہی لمحے گذرے ہوں گے۔ بیرا درد سے چلا رہا تھا اور ریچھنی غصے سے۔ رائفل کو ڈنڈے کی طرح اٹھائے دستے والے سرے کو ریچھنی کے سر پر مارا۔ شکر ہے کہ میرا نشانہ خطا نہیں ہوا اور ریچھنی نے بیرا کو چھوڑ دیا اور پھر میری رائفل منہ میں پکڑ لی۔ اس بار اس کے دانت دستے میں گڑ گئے۔ رائفل پھر میری گرفت سے چھوٹ گئی۔ اس نے دستے کو کترنا شروع کر دیا۔ خوش قسمتی

سے ریچھنی کے بچے نے، جو اس دوران حیرت اور دہشت سے دم بخود تھا، چند چیخیں ماریں۔ اچانک ہی ریچھنی نے رائفل چھوڑ دی اور بچے کی طرف لپکی۔ اس نے بچے کو بغور دیکھا اور سونگھا۔ پھر اچانک ہی دونوں مڑ کر ہماری نظروں سے جلد ہی اوجھل ہو گئے۔ یہ دہشت ناک منظر کئی دن تک میرے اعصاب پر سوار رہا۔

بیرا کہنیوں اور گھٹنوں کے بل جھکا درد کے مارے تڑپ رہا تھا۔ اس کے زخموں سے خون تیزی سے بہہ رہا تھا۔ میں نے بھاگ کر اپنا کوٹ اور قمیض اتاری۔ قمیض کو پھاڑ کر پٹیاں بنائیں اور بیرا کے زیادہ گہرے زخموں پر پٹی باندھنے کی کوشش کی تاکہ خون کا بہاؤ تھم سکے۔ پھر اسے کمر پر لادا اور ناکارہ رائفل اٹھائے میں مویشی پٹی کی طرف پلٹا۔ یہاں بیرا کو چارپائی پر لادے چار چرواہوں کی مدد سے اسے لے کر کیمپ پہنچا۔ یہاں زخموں پر آئیوڈین لگا کر اور جلدی جلدی سب کچھ سمیٹ کر میں نے بیرا کو گاڑی میں ڈالا اور پندرہ میل دور پنا گرام کی طرف روانہ ہوا جہاں ڈسپنسری سے ابتدائی طبی امداد حاصل کی۔ بیرا خون بکثرت بہہ جانے کی وجہ سے زرد ہو رہا تھا اور غشی کی حالت میں تھا۔ یہاں سے پھر اسے کار میں ڈال کر میں اکسٹھ میل دور سالم ضلع پہنچا جہاں اول درجے کا ہسپتال موجود تھا۔

ان دنوں پینسلین ایجاد نہیں ہوئی تھی اور پہلا ہفتہ بیرا نے زندگی اور موت کی کشمکش میں گذارا۔ میں اس کے ساتھ اس کے بستر سے ٹکا رہا۔ جلد ہی ڈاکٹروں نے اسے خطرے سے باہر قرار دے دیا۔ اب میں پنا گرام پلٹا جہاں بیرا کی بیوی اور بچے نہایت پریشان کسی اچھی خبر کے منتظر تھے۔ انہیں میں نے کچھ رقم دی۔ یہاں مجھے تیندوے کی کیڑوں سے بھری کھال بھی پیش کی گئی جو پریشانی کے باعث میرے ذہن سے نکل چکا تھا۔ تلوادی میں گدھوں کو اڑتا دیکھ کر چرواہوں نے تیندوے کی لاش پائی تھی۔ یہ جگہ

ہمارے ریچھنی سے مڈ بھیڑ والی جگہ سے دو سو گز دور تھی۔ یہ کھال کیڑوں سے پر تھی اور محفوظ کئے جانے کے قابل نہ تھی۔

سالم لوٹ کر میں نے بیرا کے علاج کے لئے کافی رقم چھوڑی اور واپس گھر لوٹ آیا۔ دو ماہ بعد جب بیرا چلنے کے قابل ہو سکا۔ اس بار اس کی دائیں ٹانگ میں کچھ لنگ سا آ چکا تھا۔ اس کے جسم پر زخموں کے نشانات بھی باقی تھے۔

میری رائفل کا کندہ بیکار ہو چکا تھا جسے میں نے بدل لیا۔ نالی پر سرے سے چھ انچ نیچے ریچھنی کے دانتوں کے نشانات موجود تھے۔ اس دن سے بیرا اور میں، دونوں حقیقی بھائی بن چکے ہیں۔ ہمارے درمیان جو محبت اور بھائی چارہ قائم ہوا ہے وہ ہر طرح کی دنیاوی آلائشوں سے پاک ہے۔

اس واقعے کے کئی سال بعد یہ دوسرا واقعہ منداچی پالم کے آدم خور شیر کے بارے ہے۔

منداچی پالم یا اس کا تامل ترجمہ کچھ یوں بنتا ہے، منداچی کی ندی یا منداچی کا گڑھا۔ یہ جگہ گھاٹ کنارے سے کچھ دور اور دو ہزار فٹ کی بلندی پر واقع ہے جہاں پناگرام کی بستی موجود ہے۔ یہاں سے دریائے کاویری بھی گذرتا ہے۔ یہاں سے چار میل دور اوتائی ملائی نامی مچھیروں کی بستی ہے۔ یہاں بالکل ہی قریب ہوگانیکال کی آبشار ہے۔ یہاں فارسٹ ڈیپارٹمنٹ نے سڑک کے کنارے منداچی پالم کے پاس کنواں بنوایا ہوا ہے تاکہ مسافروں اور دوسرے جانور جو بھاری عمارتی لکڑی لے جاتے ہیں، کی پیاس بجھا سکے۔ یہاں سے پناگرام کی طرف چھ میل کی چڑھائی شروع ہوتی ہے۔ یہ چڑھائی نہایت مشکل ہے۔

چھوٹا سا کنواں جس کے چاروں طرف گھنا جنگل ہے، یہاں سے ایک پتلی سی

پگڈنڈی گذرتی ہے۔ اس جگہ سے میری کہانی شروع ہوتی ہے جو کئی ہلاکتوں کے بعد اور میرے شکاری رانگا کے بال بال بچنے کے بعد ختم ہوتی ہے۔

علی الصبح ساڑھے سات بجے کا وقت ہو گا جب پتوں اور گھاس پر شبنم کے قطرے موتیوں اور ہیروں کی طرح چمک رہے تھے اور ان پر گھنے درختوں سے چھلکتی سورج کی روشنی عجب بہار دکھا رہی تھی۔

ایک مرد اور دو عورتیں مچھلیاں اٹھائے ادھر سے گذرے۔ ان کے پاس بانس کی تیلیوں سے بنی ٹوکریاں تھیں جن میں مچھلیاں تھیں۔ کنویں پر پہنچ کر انہوں نے ٹوکریاں زمین پر رکھ دیں اور بیٹھ کر آرام کرنے لگے۔ مرد کی کمر کے گرد رسی کی مدد سے لوٹا بندھا ہوا تھا۔ کنویں پر آکر انہوں نے لوٹے کو رسی کی مدد سے کنویں میں لٹکایا اور تازہ، شفاف اور ٹھنڈے پانی کو باہر نکالا۔ یہاں کی مقامی رسوم کے مطابق مرد نے اپنی پیاس پہلے بجھائی۔ اس کے بعد دونوں عورتوں کی باری آئی۔ اس کے پانی پینے کے دوران لوٹے کو منہ سے نہ لگایا کہ یہ حفظان صحت کے اصولوں کے خلاف تھا۔

یہ لوگ مچھلیاں لے کر پنا گرام جا رہے تھے۔ پنا گرام سے پہلے یہ آخری کنواں تھا۔ مرد نے اپنی طلب کے مطابق پانی پیا اور پھر لوٹے کو دوبار بھرا تا کہ دونوں خواتین اپنی اپنی پیاس بجھا سکیں۔ دونوں عورتیں بمشکل بیس یا بائیس سال کی ہوں گی۔ انہوں نے کمر سے اوپر محض ساڑھی کا پلو کندھے پر ڈالا ہوا تھا اور باقی اوپری بدن ننگا تھا۔ ان کی سانولی رنگت پر پسینہ موتیوں کی طرح چمک رہا تھا۔ اگرچہ صبح خاصی خنک تھی لیکن مچھلیوں کے وزن سے وہ پسینے میں شرابور ہو رہے تھے۔

پانی پی کر یہ لوگ چند منٹ کے لئے کمر سیدھی کرنے لگے۔ انہوں نے اپنی پوٹلیوں سے پان کے پتے اور سپاری وغیرہ نکالی اور پان بنا کر چبانے لگے۔ چند ہی منٹوں میں ان کی

باچھوں سے لال رنگ کا لعاب بہنے لگا جسے وہ بے تکلفی سے بار بار ادھر ادھر تھوکتے جا رہے تھے۔

اچانک کنویں کے پاس والے جنگل سے شاخوں کے ٹوٹنے اور پتوں کے مسلے جانے کی آوازیں آئیں۔ آوازیں بار بار آتیں اور فوراً ہی تھم جاتیں۔ اس کے علاوہ جنگل بالکل خاموش تھا۔

تینوں افراد نے آواز کا ماخذ جاننے کی کوشش کی۔ انہوں نے سمجھا کہ کوئی ہرن یا چیتل ہو گا جو جنگلی کتوں سے گھبرا کر ادھر پناہ لے رہا ہے۔ عورتوں کو متاثر کرنے اور یہ سوچ کر کہ اگر جانور زیادہ زخمی ہوا تو اسے پکڑ بھی سکتا ہے، مرد آگے بڑھا۔ اس نے ہاتھ میں پتھر اٹھایا ہوا تھا۔

اس وقت آوازیں تھمی ہوئی تھیں۔ اس نے ذرا قدم اور بڑھائے۔ جھاڑیوں کے درمیان ایک ببول کا درخت تھا۔ اس نے اس درخت کی طرف قدم بڑھائے ہی تھے کہ اس نے دیکھا کہ اس کے عین سامنے فٹ بھر دور شیروں کا جوڑا جنسی ملاپ کی حالت میں تھا۔

ایک عام شیر ایک ایسا جانور ہے کہ عموماً اس سے کوئی خطرہ نہیں ہوتا۔ ایک بار میں مچھلیوں کے شکار پر تھا کہ مجھ سے بمشکل پندرہ گز دور شیر نمودار ہوا۔ یہ بتانا مشکل ہے کہ ہم میں سے کون زیادہ حیران ہوا۔ تاہم شیر نے فوراً ہی رخ بدلا اور جدھر سے آیا تھا، ادھر واپس چل دیا۔ میں غیر مسلح تھا اور متجسس بھی، میں اس کے پیچھے چل دیا۔ شیر میرے تعاقب سے باخبر ہو کر بھی عام کتے کی رفتار سے چلتا رہا۔ تاہم جلد ہی وہ گھنی جھاڑیوں میں غائب ہو گیا۔

تاہم چاہے شیر ہو یا کوئی بھی اور جانور، اسے بعض اوقات خلوت درکار ہوتی ہے۔

ہو سکتا ہے کہ ناراض ہو کر یا پھر اپنی مادہ کو متاثر کرنے کے لئے شیر نے مختصر سی دھاڑ لگائی اور ایک ہی چھلانگ میں اس آدمی کا گلا دبوچ لیا۔ بغیر آواز نکالے آدمی وہیں ڈھیر ہو گیا۔ شیر اب بھی غرائے جا رہا تھا۔ دونوں عورتوں نے یہ آوازیں سنیں اور وہ اوتاملائی کی طرف سرپٹ دوڑ پڑیں۔ شیر نے محض ناراضگی دکھانے کے لئے یہ حملہ کیا تھا۔ اس نے لاش کو چھوا تک نہیں۔ لیکن اسے انسان کی بے بسی کا بخوبی اندازہ ہو گیا۔

چند ہفتے بعد ایک لکڑہارا جنگل سے لکڑیاں کاٹ کر لا رہا تھا کہ ایک موڑ پر اس کی مڈ بھیڑ شیر سے ہو گئی۔ ایک بار پھر شیر کی مختصر دھاڑ اور چھلانگ لگی۔ ایک اور آدمی ہلاک ہو گیا۔ اس بار کوئی بھی وجہ نہیں تھی۔ اس بار بھی شیر نے لاش کو چھوا تک نہیں۔

دو ماہ گذرے۔ چند عورتیں مل کر جنگل میں املی کے پھل تلاش کرنے گئیں۔ ایک عورت باقیوں سے ذرا دور تھی۔ وہ پھل جمع کر کے انہیں اٹھانے کے لئے جھکی ہی تھی کہ اس کی نگاہیں شیر سے ملیں۔ ایک چیخ آئی اور پھر ایک دھاڑ کی آواز اور تیسری انسانی جان چلی گئی۔ اس بار شیر کے دانت شہ رگ میں گھسے اور ان سے گرم گرم نمکین خون ابلنے لگا۔ یہ خون سیدھا شیر کے منہ میں گیا اور اس طرح مندا چی پالم کا آدم خور وجود میں آیا۔ شیر اس عورت کو چند گز دور جھاڑیوں میں لے گیا اور اگلے دن کھوپڑی، پنجوں اور پیروں کے تلوے کے سوا سب کچھ کھایا جا چکا تھا۔

مختصر عرصے میں تین مزید ہلاکتیں ہوئیں۔ پہلی ساتویں سنگ میل پر، دوسری دریائے چنار کے کنارے اور تیسری اوتاملائی سے بمشکل میل بھر دور۔ تینوں بار لاش کو شیر نے کلی یا جزوی طور پر کھایا تھا۔

شیر کی اس آخری واردات سے اتنا خوف و ہراس پھیلا کہ لوگوں نے پناگرام جا کر حکام کو درخواست کی کہ براہ کرم شیر کے خلاف کوئی کاروائی کی جائے ورنہ وہ پورا گاؤں

ہڑپ کر جائے گا۔ میرا شکاری رانگا بھی وہیں تھا۔ اس نے لوگوں سے وعدہ کیا کہ وہ مجھے اس کام کے لئے تیار کرے گا۔ اس نے سو میل کا طویل سفر بس کے ذریعے کیا اور بنگلور میرے پاس شام ڈھلے پہنچا اور اطلاع دی۔

یہاں رانگا کا مختصر سا تعارف بے جا نہ ہو گا۔ حیرت کی بات یہ ہے کہ رانگا سے میری ملاقات ماتھور میں ہوئی تھی جہاں کچھ سال قبل میں بیرا سے پہلی بار ملا تھا۔ رانگا بیل گاڑی چلاتا تھا اور جنگل سے بانس لے کر پنا گرام آتا تھا۔ وہ اپنا فالتو وقت بیرا کی طرح مانگے تانگے کی توڑے دار بندوق سے غیر قانونی شکار کھیل کر گذارتا تھا۔ تاہم وہ بیرا سے بہت مختلف تھا۔ جسمانی اور شخصی، دونوں اعتبار سے۔ بیرا کے برعکس وہ لمبا اور توانا آدمی تھا۔ اس نے سال بھر جیل میں بھی گذارا تھا کہ اس نے اپنی بیوی پر شبہ کرتے ہوئے اسے جان سے مار دینے کی کوشش کی تھی۔ جیل سے نکل کر اس نے دوسری شادی کی اور جب میں اس سے ملا تو وہ تین بچوں کا باپ تھا۔ جلد ہی اس نے تیسری شادی بھی کر لی اور اب درجن بھر بچوں کا باپ اور دادا بھی بن چکا ہے۔ اس میں بیرا کے برعکس انتظامی صلاحیتیں بھی تھی اور وہ دئے گئے احکامات کو بخوبی بجا لاتا تھا۔ اس کے علاوہ اس کا کردار بھی پختہ نہ تھا۔ وہ ببول اور دیگر اجزاء سے ناجائز شراب بھی کشید کرتا تھا۔ میں نے کئی بار اس شراب کو چکھا تھا۔ یقین مانیں کہ نہایت عمدہ شراب ہوتی تھی۔ وہ بیرا سے کہیں زیادہ بے ایمان ہے۔ خصوصاً بارہ بور کے کارتوسوں کے لئے تو اس پر بالکل بھی بھروسہ نہیں کرنا چاہئے۔ اسے بیرا سے نفرت ہے اور وہ اکثر بیرا کی طرف حقارت اور نفرت سے دیکھتا ہے۔ میرا ذاتی خیال ہے کہ وہ میری اور بیرا کی دوستی سے جلتا ہے۔ لیکن رانگا خطرے کے وقت بہادری سے ڈٹ کر سامنے کھڑا ہو جاتا ہے۔ مشکل وقت میں قابل اعتماد ہے اور اسے جنگلی جانوروں یا ان کی کہانیوں سے بھی ڈر نہیں لگتا۔

بد قسمتی سے جب رانگا میرے پاس آیا تو میں کافی مصروف تھا اور کم از کم دو ہفتوں کے لئے میرا ان مصروفیات سے چھٹکارا پانا ممکن نہیں تھا۔ سو میں نے رانگا کو پنا گرام واپس بھیجا اور اسے تفصیلی ہدایات کے ساتھ ساتھ اپنے پتے لکھے ہوئے کافی سارے ڈاک کے لفافے بھی دئے۔ اسے میں نے ہدایت کی کہ وہ ہر دوسرے دن مجھے صورتحال سے تفصیلاً آگاہ کرتا رہے۔

اس وقت رانگا کے ساتھ نہ جانے کی وجہ سے شاید میں ان دو اموات کا بالواسطہ ذمہ دار ہوں جو اس دوران واقع ہوئیں۔ اس کے بعد جونہی مجھے کچھ فراغت ملی، میں بذریعہ کار پنا گرام پہنچا۔ رانگا کو ساتھ لے کر میں ماتھور بیرا کی طرف چلا۔ اسے بھی ساتھ لے کر ہم او کتا ملائی پہنچے۔ یہاں ہمارے گروپ کا آخری ممبر سوری تھا۔ سوری بھی جیل میں تین ماہ کاٹ چکا تھا۔ سوری کا جرم ایک جنگلی ہاتھی پر گولی چلانا اور اسے ہلاک کرنا تھا۔ یہ ہاتھی ایک نوجوان مادہ تھی۔ جب سوری غیر قانونی شکار کے لئے ایک گڑھے میں چھپا ہوا تھا تو یہ ہتھنی اس کے گڑھے کے کنارے آ گئی۔ سوری کو جان کے لالے پڑے تو اس نے گولی چلانے کا فیصلہ کیا۔ ہتھنی کے کان کے پیچھے اس نے اپنی توڑے دار بندوق سے گولی چلائی۔ سخت گولی نے اپنا اثر دکھایا اور ہتھنی وہیں ڈھیر ہو گئی۔ بد قسمتی سے سوری رنگے ہاتھوں وہیں پکڑا گیا۔ اس وقت میں دریا کے دوسرے کنارے شکار کھیل رہا تھا۔ مجھے معلوم ہوا تو میں نے آ کر ہتھنی کی تصویر کھینچی اور اس طرح سوری سے واقفیت بھی پیدا ہوئی۔

مجھے اپنی خوش قسمتی پر ناز ہے کہ میں اتفاقاً ان تینوں سے ملا۔ یہ تینوں ایک دوسرے سے الگ شخصیات رکھتے تھے۔ ان کے پاس جنگل کے مختلف پہلوؤں کے متعلق معلومات کے خزانے تھے۔ بیرا نے اس موقع پر فوراً ہی اپنی خدمات پیش کر دیں کہ وہ

جنگل میں جا کر اس آدم خور شیر کو تلاش کرتا ہے۔ بمشکل میں اسے سمجھا پایا کہ یہ صریح خود کشی ہے۔ میں نے اس کے ساتھ سوری کو اپنی بارہ بور بندوق دے کر بھیجا۔ ایک اور بندہ جو محکمہ ماہی پروری کا نگران تھا، بھی ان کے ساتھ چلا۔ رانگا کے ذمے تین بھینسے لے کر انہیں مناسب جگہوں پر باندھنا ٹھہرا۔ رانگا کے لئے تین جانور پیدا کرنا مشکل نہ تھا کیونکہ وہ دھمکیاں، دھونس اور لالچ دے کر کام نکالنا بخوبی جانتا تھا۔

پہلا چارہ دریائے چنار کے کنارے اس جگہ سے میل بھر دور باندھا گیا جہاں دریائے چنار دریائے کاویری سے ملتا ہے۔ دوسرے کو اس جگہ سے تین میل دور اور تیسرا اس جگہ سے سو گز کے اندر باندھا گیا جہاں پہلی واردات ہوئی تھی۔ طے یہ پایا کہ بیر ااور دوسرے لوگ دریائے کاویری کے دوسرے کنارے پر شیر کی تلاش جاری رکھیں گے جبکہ میں اور ایک مقامی کھوجی کے ہمراہ دیر اکے دوسرے کنارے کی تلاشی لیں گے۔ رانگ کا کام بھینسوں کی دیکھ بھال اور ان کے چارے وغیرہ کا خیال رکھنا تھا۔

اس طرح ہم نے چار دن گذارے۔ کچھ بھی نہ ہوا۔ ہمیں بہت ساری جگہوں پر شیر کے پگ ملے لیکن وہ تازہ نہ تھے۔ اس کے علاوہ کسی کو بھی علم نہ تھا کہ یہ آدم خور ہی کے پگ ہیں یا کسی اور شیر کے۔

ہماری طرف سے تمام دیہاتیوں کا جنگل میں داخلہ اور عام راستے کا استعمال بند کرا دیا گیا تاکہ شیر کو بھینسوں کی چاٹ لگ جائے۔ اس کے علاوہ اس جنگل میں جنگلی جانوروں کی بھی بہتات تھی۔ شیر کے بھوکے مرنے کا تو سوال ہی نہ پیدا ہوتا تھا۔ اسی طرح دوسرے گاؤں سے لوگوں کو آمد و رفت کو روکنا ہمارے بس میں نہ تھا۔ آدم خور ان پر بھی ہاتھ صاف کر سکتا تھا۔

اس دوران میں نے ہر ممکن طریقے سے گرد و نواح میں اپنی آمد کی اطلاع پہنچا دی

تاکہ اگر شیر کہیں بھی واردات کرے تو مجھے فوراً اطلاع مل جائے۔ اس کے بعد بیرا کی مدد سے ہم اس جانور کی کھوج آسانی سے لگا سکتے تھے۔ ہانکہ ناممکن تھا کہ اول تو اس کے لئے آدمی نہ ملتے، دوسرا اگر آدمی مل بھی جاتے تو یہ شیر اتنا نڈر اور کمینہ تھا کہ وہ الٹا ہانکے والوں پر ہی حملہ کر دیتا۔

پانچویں دن علی الصبح مجھے اطلاع ملی کہ پاناپتی کی مویشی پٹی میں ایک آدمی کو شیر نے مارا ہے۔ وہ جگہ یہاں سے چار میل دور تھی۔ یہ واردات سابقہ شام ڈھلے ہوئے تھی۔ یہ آدمی اپنے گھر سے نکل کر سو گز دور اپنے کتے کو بلانے گیا تھا کہ واپس نہ لوٹا۔ میں اور بیرا عجلت میں اس طرف چل پڑے۔ یہاں جست لگانے سے قبل شیر کے پنجے بہت پھیل گئے تھے۔ اس کے علاوہ دریائے چنار میں سے جب وہ اپنے شکار کو لے کر گذرا تو نرم مٹی پر اس کے پگ بالکل صاف تھے۔ یہاں دریا عبور کر کے وہ جنگل کے دوسرے کنارے بانس کے جھنڈ میں گھسا۔ یہاں ہم نے اس آدمی کی لاش پائی جو تقریباً مکمل ہی کھائی جا چکی تھی۔

یہاں درخت بالکل نایاب تھے۔ صرف تیس فٹ دور بانس کا ایک گھنا سا جھنڈ تھا۔ میں نے بیرا کو ہدایت کی کہ اس جھنڈ میں سے آٹھ یا نو بانس کے تنے نیچے اور پھر چار فٹ کی بلندی سے کاٹ دے۔ چونکہ بانس کے اوپری سرے اس بری طرح گھتے ہوئے تھے کہ نیچے موجود شگاف کے باوجود بھی کوئی بانس نیچے نہ گرتا۔

بیرا نے جلد ہی اپنا کام پورا کر دیا۔ ایک آرام دہ غار نما جگہ بنا دی تھی۔ اس میں بیٹھتے ہوئے میں نے دیکھا کہ اب پشت اور دیگر تمام اطراف سے میں بالکل محفوظ تھا کیونکہ میرے پیچھے اور اطراف میں موجود بانس کا جھنڈ بہت گھنا تھا۔ اگر شیر میری طرف آتا تو اسے سامنے سے حملہ کرنا پڑتا۔ میرے وفادار دوست بیرا نے میرے ساتھ ہی بیٹھنے پر

اصرار کیا۔ میں نے سختی سے اسے روکا۔ مجھے اس کی ہمراہی میں زیادہ سکون ملتا لیکن یہ جگہ صرف اتنی ہی تھی کہ ایک بندہ بیٹھ سکتا تھا۔ اگر اسے کھلا کرنے کے لئے ہم دوسرے بانس کاٹتے تو خدشہ تھا کہ اوپر والے بانس نیچے گر پڑتے کیونکہ جھنڈ زیادہ بڑا نہ تھا۔ اس کے علاوہ زیادہ بانس کاٹنے سے زیادہ مقدار میں شاخیں اور پتے پھینکنے پڑتے جس سے شیر کو زیادہ شبہ ہو جاتا اور کٹتے تنوں کے شور سے بھی وہ خبر دار ہو سکتا تھا۔

مجھے اندازہ تھا کہ رات بہت تاریک ہو گی کیونکہ یہ چاندنی راتیں نہیں تھیں۔ میں نے اپنی ونچسٹر رائفل پر ٹارچ جمائی اور اضافی ٹارچ کو بندوق پر لگا لیا اور اسے بھی اپنے ساتھ رکھ لیا۔ بانسوں کے درمیان موجود رہ کر میں شبنم اور جنگل کی خنک ہوا سے بھی محفوظ تھا۔ اسی طرح یہاں سانپوں کی آمد کا خطرہ بھی نہیں تھا۔

ایک بجے دوپہر کو میں اس جگہ پر بیٹھ گیا اور اپنے ساتھیوں کو واپس بھیج دیا۔ بیرا اب بھی ساتھ رکنے پر اصرار کر رہا تھا۔ میں نے انہیں ہدایت کی کہ صبح کو وہ جب دریائے چنار کی دوسری طرف پہنچیں تو مجھے پکاریں۔ ان کے جانے کے بعد میں اور میرے ہتھیار اگلے سترہ گھنٹوں کے لئے تنہا رہ گئے۔

آپ بخوبی اندازہ لگا سکتے ہیں کہ اس جگہ میں ہر طرف سے محفوظ تھا۔ میرے سامنے صرف اتنی سی جگہ تھی کہ میں سامنے دیکھ سکتا اور یہ بھی کہ انسانی لاش بھی میرے بالکل سامنے موجود تھی۔ مجھے اطمینان تھا کہ رات کو جب شیر اندھیرے میں بخوبی دیکھ سکے گا تو میں ہر طرف سے اس کے حملے سے کتنا محفوظ رہوں گا۔ خصوصاً جب میں اسے اندھیرے کے باعث نہیں دیکھ سکوں گا۔

انسانی لاش پر جھکے ہوئے بانس کے درختوں نے اسے گدھوں سے بچائے رکھا۔ مکھیاں البتہ بکثرت تھیں اور جلد ہی سڑاند ناقابل برداشت ہو گئی۔

تاریکی چھانے تک کچھ نہ ہوا۔ اندھیرا تیزی سے پھیل گیا۔ نہ صرف رات تاریک تھی بلکہ اس جگہ پر چھت کی طرح موجود بانس کے درختوں نے تاریکی کی شدت کو مزید بڑھا دیا تھا۔ تاریکی اتنی گہری تھی کہ حقیقتاً ہاتھ کو ہاتھ نہ سجھائی دیتا تھا۔ ٹارچ کا بٹن اور رائفل کی لبلبی، دونوں کو میں چھو کر ہی محسوس کر سکتا تھا ورنہ ان کا دکھائی دینا اس تاریکی میں ناممکن ہی تھا۔ البتہ میری کلائی پر بندھی ریڈیم ڈائل کی گھڑی پر مجھے صاف پونے آٹھ بجے کا وقت دکھائی دے رہا تھا۔ دس گھنٹے بعد ہی سورج نکلتا۔

مجھے علم تھا کہ مجھے اس دوران اپنی آنکھوں کو جنگل کے بادشاہ کی آمد کے لئے مستقل تیار رکھنا ہو گا۔ حقیقتاً رات کے گھپ اندھیرے میں شیر جو مجھے بالکل صاف دیکھ سکتا تھا، میرے لئے واضح خطرہ تھا۔ اسے تا حد نظر تمام چیزیں صاف دکھائی دیتیں اور میں ایک بھی انچ دور نہ دیکھ سکتا تھا۔ البتہ میں اس کی آمد کی آہٹ کو سن سکتا تھا۔ اسی طرح شیر کو میری آہٹ خبردار کر دیتی۔ میں شیر کی بو نہ سونگھ سکتا تھا اور نہ ہی شیر میری بو سونگھ سکتا تھا۔ البتہ میری آہٹ سے خبردار ہو کر وہ یا تو فرار ہو جاتا یا پھر میرے سامنے موجود سوراخ سے مجھ پر جھپٹ پڑتا۔ مجھے اس کی خوراک بننے کا کوئی شوق نہیں تھا۔

میرے پاس خاموش اور بے حس و حرکت بیٹھنے کے سوا اور کوئی چارہ نہ تھا۔ مچھر بھی اس جگہ گھس آئے اور خوب اذیت پہنچائی۔ اچانک ایک نرم اور لجلجی چیز میری گود میں حرکت کرنے لگی۔ اس کی لمبائی ہی لمبائی تھی اور ٹانگیں ندارد۔ بلاشبہ یہ کوئی سانپ ہی تھا۔ اس وقت ہلکی سی حرکت کا مطلب یقینی موت ہوتا۔ میں نے بڑی مشکل سے اپنے بیکار ہوتے اعصاب پر قابو پایا۔ خوش قسمتی سے سانپ فوراً ہی مجھ سے دور باہر کی طرف چلا گیا۔

اچانک میرے گلے میں سرسراہٹ سی پیدا ہو چلی۔ س وقت کھانسنا ناکامی کے

مترادف ہوتا۔ میں نے بھیڑیں گننا شروع کر دیں حتیٰ کہ سرسراہٹ بالکل ہی ختم ہو گئی۔

دس بج کر پچیس منٹ پر میں نے عقبی طرف سے ہلکی سی آہٹ سنی اور پھر خاموشی چھا گئی۔ منٹ پر منٹ گذرتے رہے۔ پھر یہ آواز میری دائیں جانب بالکل چند فٹ دور جھنڈ کے سرے سے آئی۔ بھاری سانس صاف سنائی دے رہی تھی۔ پھر ہلکی سی غراہٹ اور پھر خاموشی۔ پھر ایک اور غراہٹ اور پھر خاموشی۔ میرے سامنے کوئی چیز زمین پر گھسٹتی ہوئی گذری۔ کیا شیر شکار پر آ گیا ہے؟ کیا وہ چند فٹ دور مجھے تاک رہا ہے؟ کیا وہ حملہ کرنے کے لئے جھک رہا ہے؟ مجھے تو اپنی ناک کے سرے پر بھی کچھ نہیں دکھائی دے رہا تھا۔

میری رائفل بھری ہوئی تھی۔ میں نے آہستگی سے اسے اٹھایا تاکہ شیر کی جست کی صورت میں تیار رہوں۔ دہشت اور خوف کے مارے میرے چہرے سے پسینہ آبشار کی طرح بہہ رہا تھا۔ پورے جسم پر لرزہ طاری تھا۔

میں نے ٹارچ کا بٹن دبا دیا۔ میرے سامنے تیز روشنی میں نہایا ہوا لگڑ بگڑ موجود تھا۔ وہ اس بات پر حیران تھا کہ لاش انسان کی ہے۔ اس نے ٹارچ کی طرف چند سیکنڈ کے لئے دیکھا اور پھر فرار ہو گیا۔ میرا دل چاہا کہ ایک قہقہہ لگاؤں لیکن موقع اس کے لئے مناسب نہ تھا۔

خیر ابھی تو میری موجودگی کا راز فاش ہو چکا تھا۔ میں توقع ہی کر سکتا تھا کہ آدم خور ان اطراف میں موجود نہ ہو ورنہ اسے میری موجودگی کا بخوبی اندازہ ہو چکا ہو گا۔ میں نے عجلت میں تھرماس سے چائے کی چسکی لگائی۔ اس کے ساتھ ہی میں نے ایک بار اپنی ٹانگیں پھیلا کر پھر سمیٹ لیں۔ اب میں چند منٹ قبل والی دہشت کی حالت سے باہر تھا۔

دس یا بارہ منٹ بعد ہی میں نے فاصلے سے شیر کی آواز سنی۔ پانچ سے دس منٹ کے

وقفوں سے یہ آواز کئی بار آئی۔ میرا اندازہ تھا کہ یہ آواز چوتھائی میل دور سے آئی ہے۔ اگرچہ اس جنگل میں آواز کا بالکل درست اندازہ لگانا ناممکن تھا پھر بھی میں نے خدا کا شکر ادا کیا کہ شیر نے خاموشی سے آنے کی بجائے عام طریقے سے آواز پیدا کرتے ہوئے آنے کو ترجیح دی ہے۔

پون گھنٹہ خاموشی سے گذرا۔ اس دوران ٹھنڈی ہوا چل پڑی۔ میرے اطراف میں موجود بانس کے تنے ایک دوسرے سے رگڑ کھا کر بے تحاشہ شور پیدا کرنے لگے۔ اس سے میرے ذہن میں ایک نیا خطرہ بیدار ہوا۔ اگر میرے سر پر معلق بانس کا کوئی تنا بھی اپنے وزن کے سبب نیچے گر تا تو کیا ہوتا؟ اس کے کٹے ہوئے تنے سے میں اس طرح زمین میں پیوست ہو جاتا جس طرح تتلی کو پن سوئی کی مدد سے تختے میں گاڑتے ہیں۔ مجھے اس خیال سے ہنسی آگئی۔

عین اسی لمحے مجھے لاش کی جانب سے ہڈی ٹوٹنے کی آواز آئی۔ میں نے آہستگی سے رائفل اٹھائی اور اسے کندھے کے لیول پر لا کر سیدھا کیا۔ ٹارچ کا بٹن دبایا۔ تاریکی ہی رہی۔ ٹارچ نے جلنے سے انکار کر دیا۔ میں نے بار بار بٹن دبایا۔ کچھ بھی نہ ہوا۔ شاید اس کا بلب جل گیا ہو گا۔ اب مجھے یا تو شیر کی موجودگی کے دوران خاموش رہنا ہو گا یا پھر بندوق سے گولی چلاتا۔ میں نے گولی چلانے کا فیصلہ کیا۔ بہت احتیاط سے رائفل زمین پر رکھی اور پھر اسی احتیاط سے ٹٹول کر بارہ بور کی بندوق سنبھالی۔ اسے اٹھا کر میں نے اونچا کر نا شروع کیا۔ میں امید کر رہا تھا کہ آدمی کو کھاتے وقت شیر کا رخ میری جانب نہ ہو۔ اچانک بندوق کی نال بانس کے تنے سے ٹکرائی اور کلک کی آواز پیدا ہوئی۔

اچانک ہی شیر کی آوازیں رک گئیں۔ پھر بہت بلند دھاڑ بلند ہوئی۔ میں نے فوراً ہی ٹارچ جلائی۔ چھلانگ لگا کر گم ہوتے ہوئے شیر کی جھلک دکھائی دی۔ شیر نے بار بار دھاڑنا

شروع کر دیا۔ شاید وہ اس مداخلت پر ناراض تھا۔

میں نے بندوق کو سیدھا رکھتے ہوئے اور ٹارچ جو جلائے ہوئے دوسرے ہاتھ سے جیب سے ٹارچ کا اضافی بلب نکالا جو میری جیب میں اس طرح کی صورتحال کے پیش نظر ہمیشہ موجود رہتا ہے۔ میں نے ایک ہاتھ سے رائفل کی ٹارچ کو کھول کر اس کا بلب بدلا۔ اب ٹارچ جل پڑی۔ میں نے بندوق کی ٹارچ بجھا دی۔ ابھی بھی بندوق میرے قدموں میں سیدھی رکھی تھی۔

شیر اب بھی دھاڑ رہا تھا۔ اب وہ میرے عقب میں آ چکا تھا۔ مجھے اطمینان تھا کہ سامنے کے علاوہ میں ہر طرف سے محفوظ ہوں۔ سامنے کے حملے سے بچنے کے لئے مجھے مسلسل ٹارچ جلائے رکھنی ہوتی۔ صبح ہونے میں ابھی کم از کم پانچ گھنٹے باقی تھے۔ میری دونوں ٹارچیں اگرچہ نئے سیلوں والی تھیں لیکن پھر بھی پانچ گھنٹے تک انہیں مسلسل جلائے رکھنا ممکن نہ تھا۔ میں نے ٹارچ بجھا کر محض اپنے کانوں پر بھروسہ کیا۔ اگر لمبی خاموشی چھا جاتی تو میں ٹارچ جلا لیتا۔ اڑھائی بجے تک شیر دھاڑتا رہا پھر آوازیں دور ہوتی چلی گئیں۔ یقیناً وہ سخت ناراض اور مایوس ہوا ہوگا۔ مجھے اس کی مایوسی اور ناراضگی بہت اچھی لگی کہ اس طرح میری جان بچ گئی۔

میں رات بھر چوکسی کی حالت میں شیر کی آمد کے لئے تیار رہا۔ شیر جو آدم خور بھی ہو، اس کے بارے کسی قسم کی پیشین گوئی کرنا آسان نہیں ہوتا۔ وقت گزرتا رہا اور آخر کار جنگلی مرغ کی آواز سنائی دی۔ یہ سورج طلوع ہونے کی نشانی تھی۔ مجھے ایسا لگا کہ کئی صدیوں کے بعد سورج کو دیکھنے والا ہوں۔

جلد ہی دریا کے پار سے میرے ساتھیوں کا نعرہ سنائی دیا۔ مجھے یہ آواز خوش کن موسیقی جیسی لگی۔ میں نے چلا کر انہیں کہا کہ مطلع صاف ہے۔ وہ آ سکتے ہیں۔ اٹھنے سے

قبل میں نے رات والی چائے کی تھرموس خالی کی اور اس دوران ٹانگیں بھی ہلائی جلائیں۔ اس کے بعد پائپ نے مجھے تازہ دم کر دیا۔ اس دوران میں نے رات کے واقعات کی کڑیاں بھی ملائیں۔

میرے تینوں دوست مجھے بخوبی جانتے ہیں۔ انہوں نے مجھ سے کچھ کہا تو نہیں لیکن ان کے انداز سے صاف لگ رہا تھا کہ وہ مجھے زندہ دیکھ کر بہت حیران ہو رہے ہیں۔ رات گئے تک جاری رہنے والے آدم خور کے ہنگامے کو انہوں نے بخوبی سنا تھا اور رات بھر دم بخود رہے تھے۔

بیرا نے مجھے کہا کہ وہ چار میل دور جا کر اپنے شکاری کتے کو لائے گا جو شیر کو منٹوں میں ڈھونڈ نکالے گا۔ یہ کتا عام پالتو دیہاتی کتا تھا۔ اس کا رنگ سفید اور بھورا نما تھا۔ اس کا نام کُش کریہا تھا۔ بیرا اس کا نام لیتے وقت جب کریہا پر پہنچتا تو اس کی آواز ایک لمبی چیخ میں بدل جاتی۔ میں اس کی نقالی آج تک نہ کر سکا۔ خیر خالی کُش کُش کرنے پر بھی وہ متوجہ ہو جاتا۔ یہ بھی غنیمت تھا۔

میں نے اصرار کر کے سوری کو اس کے ساتھ بھیجا اور خود رانگا کے ساتھ اوتاملائی کی طرف پلٹا۔ ناشتہ کر کے اور دریائے کاویری میں غسل کر کے سو گیا۔ دو بجے دوپہر کو میری آنکھ کھلی۔ بیرا، سوری اور بیرا کا کتا موجود تھے۔ کتے نے مجھے دیکھ کر اپنی دم ہلائی اور اپنی ناک میرے کندھے سے رگڑی۔

دوپہر کا کھانا بعجلت نگل کر ہم لوگ رات والی جگہ کی طرف پلٹے۔ متوفی کے لواحقین ہمارے ساتھ تھے جو اکیلا جانے سے کتراتے تھے۔

اب لاش اتنی متعفن ہو چکی تھی کہ اس کے رشتہ داروں نے طے کیا کہ وہ اسے اٹھا کر دریائے چنار کے پار دفن کر دیں گے۔ ان کے جانے کے بعد بیرا کے کتے نے شیر کو

تلاش کرنے کی کوشش کی۔ بمشکل سو گز ہی دور جا کر وہ رک گیا۔ شاید شیر کی بو پر لاش کی بو غالب آگئی تھی۔ رات ہونے سے ذرا قبل ہم کیمپ پلٹے۔

اگلے دن کچھ نہ ہوا۔ اس سے اگلی صبح رانگا مرتے مرتے بچا۔

جیسا کہ میں نے پہلے بتایا تھا کہ بیرا، سوری اور میں مل کر شیر کو تلاش کرتے جبکہ رانگا کا کام بھینسوں کے چارے، پانی پلانا اور دیکھ بھال تھا۔ اس دن اس نے صبح جلدی کام کا آغاز کیا۔ اس کے ساتھ ایک اور دیہاتی بھی تھا۔ منداچی پالم کے کنویں والے بھینسے سے ہو کر وہ لوگ منداچی پالم سے نیچے اترے۔ اب ان کا رخ دوسرے بھینسے کی طرف تھا جو چنار دریا کے کنارے بندھا ہوا تھا۔ دیہاتی آگے آگے اور رانگا اس کے پیچھے پیچھے تھا۔ میل بھر دور آ کر جب وہ ندی میں اترے تو ان سے پچاس گز ہی دور شیر کھڑا تھا۔

دیہاتی نے گھاس کا گٹھڑ وہیں پھینکا اور نزدیکی درخت پر چڑھنے لگا۔ اسے مناسب بلندی تک پہنچنے میں چند ہی سیکنڈ لگے لیکن اس دوران رانگا کا راستہ رکا رہا۔ رانگا ابھی زیادہ بلند نہ ہوا تھا کہ شیر پہنچ گیا۔ اس نے پچھلے پنجوں پر بلند ہوتے ہوئے رانگا پر پنجہ مارا۔ رانگا کی دھوتی اس سے الجھ کر گری۔ شیر پل بھر کے لئے ہی دھوتی کی طرف متوجہ ہوا تھا کہ رانگا (منفی دھوتی) اب محفوظ مقام تک پہنچ گیا۔ شیر اب دھوتی کو چھوڑ کر ان کی طرف متوجہ ہوا اور دھاڑنے لگا۔ رانگا اور دیہاتی چلا چلا کر اپنی بپتا سنانے لگے۔

خوش قسمتی سے اس وقت کافی سارے دیہاتی اکٹھے ہو کر ادھر سے گذر رہے تھے۔ انہوں نے رانگا اور دیہاتی کی آواز سنی، پیغام کو سمجھا اور پورا گروہ میرے پاس کیمپ کی طرف دوڑا اور چار میل طے کر کے مجھ تک پہنچے۔

یہ جانے بغیر کہ یہ واقعہ رانگا سے متعلق ہے، میں بیرا اور سوری کی واپسی کا انتظار کئے بنا سرپٹ اس مقام کی طرف دوڑا۔ اس مقام کے نزدیک پہنچ کر میں نے صرف ان

دونوں کے چلانے کی آواز سنی۔ دونوں اتنے خوفزدہ تھے کہ شیر کے چلے جانے کے بعد بھی اس کے حملے کا خطرہ تھا۔ ہر ممکن احتیاط سے آگے بڑھا تاکہ اگر آدم خور موجود ہو تو اسے اس کی بے خبری میں جالوں۔ تاہم مجھے دیکھ کر رانگا محض حیران ہی ہوا۔ میں نے انہیں تمام صورتحال سے آگاہ کیا۔ پھر ہم نے شیر کا پیچھا کرنے کی ٹھانی۔ زمین اتنی سخت تھی کہ کوئی نشان نہ ملا۔ ہم نے دوسرے بھینسوں کی دیکھ بھال کا سوچا۔ دونوں جانور بحفاظت تھے۔ سہ پہر کو ہم کیمپ لوٹے۔ ہمارا خیال تھا کہ شیر ان بھینسوں کو گھاس نہیں ڈالنے والا۔ گذشتہ دو دن قبل والے واقعے کے بعد اب آدم خور کے شکار پر واپس آنے کے امکانات کم ہی تھے۔ منداچی پالم کا یہ آدم خور ان شیروں میں سے ایک تھا جو خطرہ بھانپ کر کسی دوسری جگہ اپنی خون آشام سرگرمیاں جاری رکھتے ہیں۔

دو دن بعد صبح سات بجے اچانک اس کہانی کا اختتام ہو گیا۔ جیسا کہ میں نے پہلے بتایا، آغاز والی جگہ ہی اختتام والی جگہ بنی۔ ایک جماعت جو دس افراد پر مشتمل تھی، اسی جگہ، اسی کنویں پر رکے۔ منداچی پالم کی چڑھائی سے قبل وہ پانی پی کر اور دم لینا چاہتے تھے۔

چونکہ عورتیں ہمراہ تھیں، ایک مرد پیشاب کرنے کے لئے تھوڑی دور ہی رک گیا۔ پھر ہلکی سی غراہٹ اور ایک چھلانگ کے ساتھ ہی آدم خور اس کو لے کر غائب ہو گیا۔ خوش قسمتی سے میں، رانگا، بیرا اور سوری بھینسوں کی دیکھ بھال کے لئے میل بھر ہی دور تھے۔ جلد ہی ہم بقیہ نو افراد سے ملے۔ انہوں نے حادثے کی اطلاع دی۔ میں نے رانگا اور سوری کو ہدایت کی کہ وہ درخت پر چڑھ جائیں اور میرا انتظار کریں۔ بیرا اور میں اس طرف بڑھے جہاں آدم خور نے حملہ کیا تھا۔ یہاں ہم نے خون کی دھار دیکھی۔

بیرا اب نشانات کا پیچھا کرتے ہوئے میرے آگے چل رہا تھا۔ سو ہی گز کے بعد ہمیں ہڈیاں چبانے کی آواز آئی۔ آواز بائیں طرف نالے سے آئی تھی۔ بیرا کو رکنے کا

اشارہ کرتے ہوئے میں اس طرف رینگنے لگا جہاں سے آواز آئی تھی۔ اگر ایسے مواقع پر ساتھی ہمراہ ہو تو ایک اضافی جان کی حفاظت کرنا مہنگا بھی پڑ سکتا ہے۔

جنگل بالکل خاموش تھا۔ ہڈیاں توڑنے اور بھنبھوڑنے کی آوازیں اب بالکل صاف آ رہی تھیں۔ نہایت احتیاط اور خاموشی سے میں آگے بڑھتے ہوئے ہر قدم پھونک کر رکھ رہا تھا مبادا کہ میں کسی خشک پتے کو نہ کچل دوں یا کوئی پتھر میری ٹھوکر سے نہ لڑھک جائے۔ پندرہ گز کا فاصلہ بہت دیر سے طے ہوا۔ یہاں مجھے آدم خور کا کچھ حصہ دکھائی دے رہا تھا۔ چند قدم اور۔ اچانک آدم خور اٹھ کر میری طرف مڑا اور اس کے منہ میں متوفی کا بازو تھا جو کندھے سے کٹا ہوا تھا۔ اس کی آنکھیں حیرت سے پھیلی ہوئی تھیں۔ پھر اچانک اس نے غضب ناک دھاڑ لگائی۔

میری ونچسٹر رائفل کی نرم سیسے والی گولی کے پیچھے تین سو گرین کارڈائٹ کی طاقت تھی جس نے اس گولی کو فی مربع انچ پانچ ٹن وزن کی قوت سے دھکیلا تھا۔ یہ گولی اس کی گردن کی جڑ میں لگی۔ بلوپ کی آواز کے ساتھ بازو اس کے منہ سے گرا۔ اس نے آگے جھکتے ہوئے غراہٹ کی آواز نکالی۔ تیزی سے گولی تبدیل کرتے ہوئے میں نے اپنی پرانی اور وفادار رائفل سے دوسری گولی چلائی جو اس کے دل میں ترازو ہو گئی۔ اس کا کمینہ دل پھر کبھی نہ دھڑکنے کے لئے رک گیا۔ منداچی پالم کا آدم خور اسی جگہ گرا جہاں وہ تھا۔ اس طرح اس آدم خور کا خاتمہ ہوا۔ یہ شیر نر اور بے عیب و بے داغ جانور تھا۔ شاید فطرتاً یہ شیر کمینہ تھا جو آدم خوری کی طرف اتفاقاً مائل ہوا۔ ایسے ہی اتفاقات بے شمار انسانی جانوں کے اتلاف کا سبب ہوتے ہیں۔ میری عدم موجودگی سے پریشان میری بیوی اسی دن دوپہر کو بنگلور سے اپنی کار پر پہنچی کہ شاید میں گھر بار بھول چکا ہوں۔

ہم بیرا کو اپنے ہمراہ لئے اس کی کھوہ تک پہنچے۔ اسی وقت اس کے ہاں پانچویں بچے

کی پیدائش ہونے والی تھی۔ اس بچے کی آمد کچھ یوں ہوئی۔ ایک گہرا گڑھا جو بیرا نے دریائے چنار کی نرم مٹی میں کھودا تھا۔ اس میں نرم سبز پتے بھر کر اس نے زچہ خانہ تیار کیا۔ بیرا ہی مڈ وائف بنا۔ کوئی دوائی نہیں، کوئی سوئی دھاگہ نہیں، نہ ہی گرم پانی اور نہ ہوئی کپاس۔ صرف سبز پتے اور پتھر کا تیز کنارہ جس سے اس نے بچے کی نال کاٹی۔ نال سے خون روکنے کے لئے اس نے راکھ استعمال کی۔ پیدائش کے دو گھنٹے کے بعد ہی زچہ و بچہ اپنے اصل گھر یعنی دوسری کھوہ میں منتقل ہوئے۔ بیرا نے نال وغیرہ کو وہیں گڑھا کھود کر دفن کر دیا۔ بیرا خود بھی شاید اسی طرح پیدا ہوا ہوگا۔ اس طرح وہ زندگی گذرا کر مرتے ہوں گے۔ حقیقتاً یہ جنگل کی اولاد ہیں۔ تہذیب سے نا آشنا یہ لوگ جنگل، پہاڑیوں، ندیوں، نالوں، ہر جگہ بغیر کسی جھجھک کے گھومتے ہیں۔ جس خاموشی سے پیدا ہوتے ہیں، اسی خاموشی سے ایک دن اسی زمین میں دفن ہو جاتے ہیں۔

اس دن صبح کو میں نے ایک مور مارا۔ اس کو ہم نے جنگل کے طریقے سے پکایا۔ پر اور آلائشیں وغیرہ نکال کر ہم نے اس کا سر اور گردن بمع پنجے کاٹ کر الگ کر دیئے۔ اس کے گوشت میں چاقو سے چرکے لگا کر اس میں نمک اور مصالحے بھر کر اس پر ہر طرف سے دریا کی گیلی مٹی کا لیپ کر دیا۔ مور اب گیند لگ رہا تھا۔ پھر آگ جلا کر انگاروں میں اس کو رکھ دیا۔ آگ متواتر جلتی رہی لیکن مور کو صرف انگاروں پر ہی رکھا گیا۔ جب مٹی ٹوٹ کر الگ ہونے لگی تو اسے آگ سے نکال لیا کہ کھانا تیار تھا۔ اس طرح ہلکی سی محنت سے اتنا لذیذ مور تیار ہو سکتا ہے کہ جو اچھے خاصے باورچی کو بھی شرمندہ کر دے۔

***

جالاہالی کا قاتل

یہ کہانی کسی آدم خور شیر کی نہیں اور نہ ہی کسی آدم خود تیندوے کے بارے ہے۔ بلکہ یہ کہانی ایک عام سی جسامت کے حامل ایک عام سے تیندوے کی ہے جو اپنی جان بچانے کے لئے نہایت بے جگری، چالاکی اور موثر طریقے سے لڑا۔ اس نے کُل تین افراد کو ہلاک کیا اور کم از کم گیارہ افراد زخمی بھی کئے۔

۱۹۳۸ میں دوسری جنگ عظیم سے ذرا قبل، جالاہالی کا گاؤں جو کہ بنگلور سے سات میل شمال مغرب میں، تمکور کی سڑک کے پاس واقع ہے، ایک غیر اہم وادی تھا۔ اس میں بمشکل ڈیڑھ سو کے قریب گھر رہے ہوں گے۔ ان میں سے کچھ گھر اینٹوں سے بنے ہوئے اور دیگر گھاس پھونس وغیرہ سے بنے ہوئے تھے۔ چونکہ بنگلور شہر میسور کی ریاست کا صدر مقام تھا، اس ریاست کے محکمہ جنگلات کا صدر دفتر بھی یہیں واقع تھا۔ ریاست میں سدا بہار اور برساتی، دونوں طرح کے جنگلات بے تحاشہ تھے۔ ریاست میں جنگلات کو کیڑوں اور بیماریوں سے ہونے والے باقاعدہ نقصان اور تباہی سے نمٹنے کے لئے حکومت نے جالاہالی سے میل بھر دور ایک چار مربع میل زمین کا ٹکڑا مختص کیا ہوا تھا۔ یہاں صندل، روز ووڈ، ریڈ روز ووڈ اور دیگر اقسام کے درخت قطاروں میں لگائے گئے تھے تاکہ ان پر کیڑوں سے ہونے والے نقصان کا مطالعہ کیا جا سکے۔ یہ کیڑے خود سے محدود مقدار میں چھوڑے جاتے تھے۔ بنگلور میں واقع جنگلات کی لیبارٹری بھی نزدیک ہی تھی۔

یہ درخت دس فٹ کی اونچائی کے ہو چکے تھے اور ان میں تیز دھار گھاس اور کانٹے دار

جھاڑیاں بھی بکثرت تھیں جن کی وجہ سے یہاں اکثر جگہوں پر گذرنا ممکن تھا اور سانپوں، خرگوشوں اور اکاڈکا موروں، تیتروں اور بٹیر کی بھی بڑی تعداد یہاں آباد تھی۔

ایک دن اس علاقے میں ایک تیندوا بیس میل دور مگاڈی کے پہاڑی سلسلے سے گھومتا ہوا آن پہنچا۔ پہلے پہل اس نے خرگوشوں، چوہوں اور اس علاقے میں موجود دیگر چھوٹے موٹے جانوروں پر ہاتھ صاف کرنا شروع کیا۔ تاہم جلد ہی اس نے جالاہالی کی بکریوں اور دیہاتی کتوں پر بھی نظر کرم ڈالنا شروع کر دی۔

سب کچھ بخیر چلتا رہا حتیٰ کہ ایک دن تیندوے نے ایک موٹے پولیس دفعدار کی بکری کو کھالیا۔ تیندوے کے اس فعل کو دفعدار نے اپنے سرکاری عہدے اور اپنی انا پر ضرب سمجھا اور اس نے علی اعلان قسم کھائی کہ وہ اس تیندوے کو نیست و نابود کر دے گا۔

مقامی پولیس فورس کو تھری ناٹ تھری رائفلیں دی گئی تھیں۔ ان کے میگزین کو اس لئے ہٹا دیا گیا تھا کہ کوئی جذباتی پولیس والا عوامی احتجاج کے دوران پے در پے فائر نہ کرتا چلا جائے۔ اس رائفل سے ایک وقت میں ایک گولی چلتی تھی۔ اس کے بعد دوسری گولی کو بھر کر پھر فائر کیا جاتا تھا۔

دفعدار اپنی سروس رائفل لے کر مردہ بکری کے ساتھ موجود ایک درخت پر بیٹھ گیا۔ سورج غروب ہوتے وقت تیندوا پہنچا اور اس کی بے خبری میں چلائی گئی گولی سے اس کی اگلی بائیں ٹانگ زخمی ہوئی۔ اس ناکام کوشش کی وجہ شاید دفعدار کا برا نشانہ اور رعشہ زدہ ہاتھ تھے۔

تیندوے نے غرا کر چھلانگ لگائی اور یہ جا وہ جا۔ موٹا دفعدار ساری رات درخت پر خوف کے مارے کانپتا رہا۔ اگلی صبح وہ نیچے اترا تو اس نے خون کے نشانات دیکھنے کی کوشش

کی پر ناکام رہا۔ اس نے اندازہ لگایا کہ خوش قسمتی سے اس کا نشانہ خطا ہوا تھا۔ تاہم اس نے سوچا کہ تیندوے کے لئے یہ اچھا سبق تھا اور اب تیندوا بکریوں کی طرف اب آنکھ اٹھا کر بھی نہیں دیکھے گا۔

یہ سب کچھ جمعہ کی رات ہوا۔ اگلا دن یعنی ہفتے کا دن بغیر کسی خاص واقعے کے گذرا۔ اس شام دیہاتیوں نے اگلے دن کے لئے بڑے پیمانے پر ہانکا کرنے کا سوچا تاکہ خرگوشوں کا شکار ہو سکے۔ دو فٹ اونچے خرگوشوں کے جال کے گز در گز محکمہ جنگلات کے اس قطعے کے ایک کنارے تین ایکڑ تک بچھا دیئے گئے۔ اگلے دن ہانکا کرنے کے لئے سو کے قریب دیہاتی جمع ہو گئے جن کے پاس کتے اور لکڑی کے بھالے تھے۔ منصوبہ یہ تھا کہ ہانکے سے جب خرگوش بھاگ کر جال میں پھنسیں تو انہیں بھالے مار مار کر ہلاک کیا جائے۔

بظاہر سب کچھ ٹھیک رہا۔ جب وہ جال کے نزدیک درختوں کے پاس پہنچے تو انہوں نے وہاں سے بے ضرر خرگوشوں کی بجائے تیندوے کو نکلتے دیکھا۔ تیندوا ہانکا کرنے والوں کے دائرے میں پہنچا اور پلک جھپکنے جتنی دیر میں اس نے چھ افراد کو مختلف نوعیت کے زخم پہنچائے۔ کسی کو محض ایک خراش لگی تو کسی کو بلیڈ کی طرح تیز پنجوں سے گہرے زخم یا بھنبھوڑا۔

ہانکے والے دوڑ کر ادھر ادھر پھیل گئے جبکہ تیندوا واپس اسی جگہ گھس گیا جہاں سے وہ نکلا تھا۔

اس جگہ کے نزدیک ہی ہفی پلنکٹ اپنی والدہ کے ہمراہ رہتے تھے۔ اپنی جوانی میں وہ مانے ہوئے شکاری تھے اور انہوں نے مدراس پریزیڈنسی میں دیگو وامتا کے علاقے میں کوئی درجن بھر شیر اور دو درجن سے زیادہ تیندوے مارے ہوئے تھے۔ ہانکے والے

بوکھلاہٹ میں سیدھا ان کے پاس پہنچے اور انہیں یہ خبر سنا کر مدد مانگی۔ ہفی اس وقت دیر سے اٹھے تھے اور شب خوابی کے لباس میں تھے۔ انہوں نے پولیس دفعدار کا تیندوے پر گولی چلانے اور اسے زخمی کرنے کے بارے نہیں سنا تھا۔ انہوں نے سوچا کہ بنگلور جیسے بڑے شہر سے سات میل کے فاصلے پر کسی تیندوے کی موجودگی کا خیال محض حماقت ہے۔ خیر انہوں نے گھبرائے ہوئے دیہاتیوں سے الجھنا مناسب نہ سمجھا اور ایک ایل جی اور ایک گولی کا کارتوس لے کر اپنی بارہ بور کی بندوق کے ہمراہ چل پڑے۔

یہاں جب انہوں نے گھائل افراد کو دیکھا تو انہیں حقیقتاً پہلی بار صورتحال کی سنگینی اور تیندوے کی موجودگی کا علم ہوا۔

انہوں نے احتیاط سے ان درختوں کا جائزہ لیا اور ان کے پیچھے پیچھے نصف درجن دیہاتی چل رہے تھے۔ ہفی ابھی نصف درختوں سے ہی گذرے ہوں گے کہ ایک جگہ انہوں نے تیندوے کو اپنی جگہ بدلتے دیکھ لیا۔ انہوں نے اوپر تلے پہلے بائیں اور پھر دائیں نال خالی کر دیں اور تیندوا اپنی جگہ لوٹنے لگا۔

ہفی دوڑ کر اس کے پاس پہنچے۔ دیہاتی بھی ان کے پیچھے پیچھے تھے۔ یہاں ان سے وہ غلطی ہوئی جس کے بدلے انہیں اپنی جان دینی پڑی۔ انہوں نے ساکت پڑے تیندوے کو اپنے پاؤں سے چھوا۔ چھوتے ہی تیندوا اٹھا اور حملہ کر دیا۔ اس نے پلنکٹ پر دھاوا بولا اور ان کے دائیں بازو پر دانت جما دیئے تاکہ وہ اپنا ہتھیار نہ استعمال کر سکیں۔ اس کے ساتھ ساتھ اس نے پچھلے پنجوں سے ان کی رانوں کو چھیلنا شروع کر دیا۔ ان کے ہمراہی ادھر ادھر بھاگے۔ صرف ایک بندے نے اپنے لکڑی کے بھالے سے تیندوے پر حملہ کیا۔ تیندوے نے ہفی کو تو چھوڑ دیا لیکن اب اس نے اس بندے پر حملہ کر دیا۔ اس نے نہ صرف اس بندے بلکہ چار دیگر افراد کو بھی پنجے مارے اور بھاگ کر دوبارہ درختوں میں جا

چھپا۔ اس کے پیچھے خون کی لکیر بھی جا رہی تھی۔

اب آپ اس صورتحال کا اندازہ لگا سکتے ہیں کہ ہفی درمیان میں تھے اور دیہاتی ان کے گرد۔ اس وقت تک ہفی بے ہوش ہو چکے تھے اور ان کا دائیں بازو تقریباً الگ ہو چکا تھا۔ ان کے ساتھیوں نے خود کو سنبھالا اور ہفی کو لے کر ان کے فارم ہاؤس کی طرف لپکے۔ ہفی کا خون اس دوران بری طرح بہتا رہا۔ دو دن بعد میں جب اس جگہ سے گذرا تو مجھے جمے ہوئے خون کی مقدار سے حیرت ہوئی کہ اتنا خون بہہ جانے کے بعد بھی کوئی انسان کیسے زندہ رہ سکتا ہے۔

مسز پلنکٹ نہایت حاضر دماغ خاتون تھیں اور انہوں نے ہفی اور چار دیگر شدید زخمیوں کو کار میں ڈالا اور سیدھا بنگلور کے بورنگ ہسپتال پہنچیں۔ بقیہ سات زخمی بنگلور کے وکٹوریہ ہسپتال بھیجے گئے۔

ہفی کو اضافی خون بہم پہنچایا گیا اور ان کے بازو کو بچانے کی کوشش کی گئی۔ تاہم اگلے دن جب گینگرین کے آثار نمایاں ہوئے تو ان کا بازو کاٹ دیا گیا۔ لیکن صدمے اور کثرت سے خون بہہ جانے کی وجہ سے ہفی نہ بچ سکے اور اس سے اگلے دن بخار کی حالت میں وفات پا گئے۔

یہ سب واقعات اتوار کی صبح ہوئے۔ اسی دوپہر کو ایک گڈریا ادھر سے گذرا تو اس نے تیندوے کے خون کے نشانات دیکھے جب تیندوا ان درختوں سے نکلا تھا۔ اس نے جالا ہالی کے دو بھائیوں کو اس کی اطلاع دی جن کے نام کالیہ اور پپیہ تھے۔

اگلی صبح یعنی پیر کے دن دونوں بھائیوں نے نہایت بہادری لیکن حماقت سے تیندوے کا پیچھا کرنے کی ٹھانی۔ بڑے بھائی کالیہ کے پاس بارہ بور کی توڑے دار بندوق تھی جبکہ چھوٹے بھائی کے پاس ایک نالی مزل لوڈر۔

اپنی اپنی بندوقیں بھر کر ان بہادروں نے کندھے سے کندھا ملائے اس علاقے میں موجود خون کے نشانات کا پیچھا کیا۔

اس طرح چلتے ہوئے وہ دونوں ایک جگہ ایک دوسرے سے الگ ہوئے اور پلک جھپکتے ہی تیندوا کالیہ پر تھا۔ تیندوے نے کالیہ کو زمین پر گرایا اور اس کے مثانے اور جنسی اعضاء کو چبا ڈالا۔ دھکے سے کالیہ کی بارہ بور کی بندوق گر گئی۔ وہ نیچے اور تیندوا اوپر۔ کالیہ درد کی شدت سے چلا رہا تھا کہ اس کا بھائی اس کی مدد کو لپکا اور آتے ہی اس نے اپنی مزل لوڈر سے تیندوے پر فائر جھونک دیا۔ تاہم اس کی گولی اس کے بھائی کو کیسے نہ لگ سکی، یہ ایک راز ہے۔

تیندوا جو کہ اب مزید زخمی وہ چکا تھا، کالیہ کو چھوڑ کر پپیہہ پر چڑھ دوڑا۔ وہ منہ کے بل نیچے گرا۔ تیندوے کے دانت اس کی پشت سے ہوتے ہوئے اس کے پھیپھڑے تک پہنچ گئے جبکہ تیندوے کے پچھلے پنجوں نے اس کے کولہے اور رانوں کو نوچ ڈالا اور پھر گم ہو گیا۔

میں اس وقت دوپہر کا کھانا کھا رہا تھا کہ ایک بندہ میرے پاس پسینے میں شرابور پہنچا اور اس نے خبر پہنچایا۔ عجلت میں میں نے اپنی رائفل، بارہ بور کی بندوق اور ٹارچ اٹھائی اور کار کی طرف بڑھا۔ میری بیوی نے اسی وقت ساتھ چلنے پر اصرار کیا۔ جونہی ہم گیٹ سے باہر نکلے، میرا دوست ایرک نیوکامب ہمیں ملنے کی نیت سے آتا ہوا دکھائی دیا جو مقامی پولیس میں کام کرتا ہے۔ اسے جلدی سے بتاتے ہوئے کہ میں کہاں جا رہا ہوں، معذرت کی اور چلنے ہی والا تھا کہ ایرک نے بھی ساتھ چلنے پر اصرار کیا۔

ہمیں جالاہالی پہنچنے میں زیادہ وقت نہیں لگا اور دہشت ناک منظر ہمارے سامنے تھا۔ ہر مکین، چاہے وہ بوڑھا تھا چاہے نوجوان، مرد یا عورت، سب کے سب موجود تھے۔ ایک

ہجوم درختوں کے ذخیرے کے پاس جمع تھا کہ شاید انہیں تیندوے کی کوئی جھلک دکھائی دے جائے۔ انہوں نے درختوں کی شاخوں پر پناہ لی ہوئی تھی۔ اس علاقے کے درخت آدمیوں کے بوجھ سے ٹوٹنے کے قریب تھے۔ تاہم کوئی بھی فرد آگے جا کر دونوں بھائیوں کی مدد کرنے کی جرأت نہیں رکھتا تھا جو گذشت چار گھنٹوں سے درد کے مارے چلا اور مدد مانگ رہے تھے۔

سب سے پہلا کام تو زخمیوں کو اٹھا کر ہسپتال پہنچانا تھا۔ کالیہ کی حالت بہت بری تھی اور وہ بہت تکلیف میں تھا۔ اس کے سوراخ شدہ پھیپھڑے سے خون بلبلوں کی صورت میں نکل رہا تھا۔

ہم نے انہیں اٹھا کر کار میں ڈالا اور میں نے انجن چلایا تاکہ ہم انہیں ہسپتال لے جا سکیں کہ ایک دیہاتی دوڑا ہوا ہمارے پاس آیا۔ اس کے پاس اتنا لمبا نیزہ تھا کہ میں نے آج تک اتنا بڑا نیزہ نہیں دیکھا۔ شاید اس کی لمبائی بارہ فٹ رہی ہوگی۔ اس نے بتایا کہ تین سو گز دور ایک بڑی جھاڑی میں ابھی ابھی تیندوا گھسا ہے۔ اگر ہم اس کے ساتھ چلیں تو تیندوا آسانی سے مارا جا سکتا ہے۔

مجھے بخوبی احساس ہے کہ اس کے بعد جو کچھ بھی ہوا، وہ میری ذاتی غفلت کا نتیجہ تھا۔ میں اپنے بنیادی فرض یعنی زخمیوں کو وقت پر ہسپتال پہنچانے کی بجائے تیندوے کے شکار میں الجھ گیا۔ تاہم، تیندوے کو مار سکنے کا اتنا آسان موقع ایسی بات تھی جس سے میری آنکھوں پر پردے پڑ گئے اور میں زخمیوں کو بھلا کر تیندوے کو مارنے بڑھا۔ ایرک نے میرے ساتھ چلنے پر اصرار کیا اور میں نے اسے بارہ بور کی بندوق پکڑائی جس کی بائیں نالی میں ایل جی اور دائیں نالی میں گولی کا کارتوس تھا۔ اسے چند اضافی کارتوس بھی میں نے دیئے۔ میرے پاس اعشاریہ ۴۰۵ بور کی رائفل تھی جو میں نے خود اپنے استعمال کے لئے

رکھی۔ یہ دوسری غلطی تھی جیسا کہ آگے چل کر آپ کو علم ہو گا۔ مجھے رائفل کی بجائے بارہ بور کی بندوق اپنے پاس رکھنی چاہیئے تھی۔ اب ہم اس دیہاتی کے ساتھ آگے بڑھے اور میری بیوی بطور تماشائی ہمارے پیچھے تھی۔

ہم بڑی جھاڑیوں سے پچیس گز قریب پہنچ گئے لیکن چونکہ ہمیں دیہاتی نے کسی خاص جھاڑی کا نہیں بتایا تھا کہ اس نے تیندوا کس جھاڑی میں دیکھا تھا، میں نے ایرک کو کہا کہ وہ مجھ سے تیس گز دور دائیں طرف چلے جائیں تاکہ ہم ایک دوسرے کی گولی چلانے کی سیدھ سے ہٹ جائیں اور تیندوے کو فرار ہونے سے بھی روک سکیں۔ پھر میں نے نیزہ بردار سے کہا کہ وہ ان جھاڑیوں میں پتھراؤ کرے۔ اس نے بہت منظم طریقے سے پتھراؤ شروع کیا۔ بیس منٹ تک پتھراؤ جاری رہا لیکن ہمیں نہ تو کچھ سنائی دیا اور نہ ہی دکھائی۔ مجھے اب شبہ ہو چلا تھا کہ تیندوا قرب وجوار میں موجود بھی ہے یا نہیں۔ اسی وقت ایرک کی آواز آئی کہ انہیں جھاڑیوں میں صاف دکھائی دے رہا ہے اور یہ بھی کہ تیندوا موجود نہیں۔

اسی دوران ہجوم سے چند دلیر جوان ہمارے پاس آ گئے تھے۔ ان کے پاس ایک کتا بھی تھا۔ ہم نے اس کتے کو جھاڑیوں میں گھسانے کی کوشش کی تاکہ تیندوے کی موجودگی کا علم ہو سکے لیکن کتے نے اندر گھسنے سے انکار کر دیا۔ کتا ان جھاڑیوں سے باہر ہی رہ کر جھاڑیوں کی طرف منہ اٹھا کر بھونکتا رہا۔

اس سے مجھے اپنا خیال تبدیل کرنا پڑا کہ تیندوا موجود بھی ہو سکتا ہے۔ اس وقت تک ایرک بے صبرے ہو کر جھاڑیوں کے بہت قریب پہنچ چکے تھے۔ اس کے بعد انہوں نے اپنی طرف سے ایک پتھر بھی پھینکا۔ پہلے چند پتھروں کی حد تک تو کچھ بھی نہ ہوا۔ پھر انہوں نے ایک بڑا پتھر پھینکا جو یا تو تیندوے کو لگا یا اس کے بہت نزدیک گرا۔ آوف!

آوف! کی آواز آئی اور پھر ایک پیلے رنگ کی لکیر سی جھاڑی سے نکلتی ہوئی دکھائی دی۔ انہیں بندوق سیدھی کرنے کا موقع تک نہیں ملا لیکن بوکھلاہٹ میں ان سے بندوق کا ٹریگر دب گیا۔ شاید اسی وجہ سے ان کی جان بھی بچ گئی۔ بندوق چلی اور اس نے تیندوے کے سامنے زمین میں سوراخ کر دیا۔ اس سے تیندوا کچھ جھجھکا۔ اگلے ہی لمحے وہ ان پر تھا۔ ایرک کے ہاتھ سے بندوق چھوٹ گئی اور ایرک اور تیندوا ایک دوسرے سے لپٹے ہوئے گھاس کے اندر اور گہرے نالے کے بالکل کنارے پر تھے۔

اس تمام وقت ایرک چیخ چیخ کر مجھے گولی چلانے کو کہتے رہے اور تیندوا مہیب آوازیں نکالتا رہا۔ مجھے محض گھاس ہلتی ہوئی دکھائی دے رہی تھی۔ میں دوڑ کو ادھر پہنچا۔ مجھے خوف تھا کہ اگر میں نے اتنے نزدیک سے اپنی طاقتور رائفل سے گولی چلائی تو گولی تیندوے کو چھیدتی ہوئی ایرک کے بھی پار ہو جائے گی۔

اس کے بعد تیندوے نے ایرک کو چھوڑا اور کھڈ میں موجود جھاڑیوں میں گھس گیا۔ میں نے اس پر گولی چلائی اور جیسا کہ بعد میں علم ہوا، گولی تیندوے کی گردن کو چھوتی ہوئی گذری۔

میرا خیال تھا کہ ایرک بالکل نڈھال پڑے رہیں گے لیکن انہوں نے فوراً ہی جست لگائی اور ریکارڈ رفتار سے نالے کے دوسرے کنارے پر جا رکے۔ میں اس دن سے انہیں اکثر ان کی رفتار کے حوالے سے چھیڑتا رہتا ہوں اور یہ ان کی دکھتی رگ بن چکا ہے۔ تیندوے نے ان کے پہلو کو چبایا تھا۔ ایک پسلی بھی تیندوے کے دانت کی وجہ سے ٹوٹ چکی تھی۔ ان کی رانیں اور بازو بری طرح زخمی تھے۔

ہم نے مزید مہم جوئی کا ارادہ ترک کیا اور بروِنگ ہسپتال کی طرف روانہ ہو گئے۔ میری کار انسانی خون سے بری طرح بھیگ چکی تھی۔ اس شام کو ہم پولیس اور دیگر

سرکاری نوعیت کی الجھنوں سے نبرد آزما ہے۔

کالیہ اسی رات انتہائی کرب کی حالت میں اس دنیا سے گذر گیا۔ اس کا بھائی پپیہہ ایک مہینے کے بعد مکمل صحت یاب ہو گیا۔ خوش قسمتی سے اس کے پھیپھڑے کا زخم جلد ہی مندمل ہو گیا۔ ایرک نیو کامبے محض خوش قسمتی سے دو ہفتوں میں ہی بالکل بھلے چنگے ہو گئے۔

اگلا دن منگل کا دن تھا۔ کئی شکاری زخمی تیندوے کے پیچھے گئے۔ ان میں لائڈز ورتھ بھی تھے جو تمباکو کی فیکٹری کے مالک ہیں۔ یہ ایک مشہور شکاری ہیں جنہوں نے بہت سارے شیر اور تیندوے مارے ہیں۔ بیک، وہ بھی اتنے ہی مشہور بڑے شکاری ہیں۔ تاہم انہیں کچھ نہ ملا۔ خون کے نشانات بھی غائب ہو چکے تھے اور تیندوا بھی جیسے فضا میں تحلیل ہو چکا ہو۔

اسی شام کو تیندوے نے ایک بارہ سالہ چرواہے کو ہلاک کیا جو لاعلمی میں تیندوے کی کمین گاہ کے بہت نزدیک چلا گیا تھا۔ یہ جگہ دیگر واقعات والی جگہ سے کوئی میل بھر دور تھی۔ لڑکا بیچارہ فوراً ہی مر گیا کیونکہ تیندوے نے اس کو گلے سے پکڑا تھا اور اس کی شہہ رگ اور سانس کی نالی چبا ڈالی تھی۔

پانچویں دن صبح کو میں اس جگہ پہنچا جہاں یہ لڑکا مارا گیا تھا۔ ہم نے ہر ممکن احتیاط سے اس جانور کا پیچھا شروع کیا جو بظاہر بہت بری طرح گھائل ہو چکا تھا۔ اس کے جسم سے بیرونی طور پر خون کا بہاؤ تو اب تک تھم چکا تھا۔ میں گھنی جھاڑیوں میں گھسا اور تیندوے کی تلاش جاری رکھی۔ نصف فاصلے پر ہی تیندوے نے یا تو مجھے دیکھا یا پھر میری آہٹ سن لی اور غرانے لگا۔ خوش قسمتی سے اس نے مجھے خبردار کر دیا ورنہ جھاڑیاں اتنی گھنی تھیں کہ میں شاید تیندوے پر جا دھمکتا اور پھر مجھے وہ دکھائی دیتا۔ میں نے تیندوے کے تعاقب

کا ارادہ ترک کر دیا۔ مجھے یقین ہو چلا تھا کہ تیندوا اب ایک یا دو دن کا مہمان ہے۔

اس دن ایک عجیب واقعہ ہوا۔ بنگلور سے پولیس پہنچ گئی۔ تیس افراد ایک لاری میں سوار تھے جس کے باہر جنگلہ اور جالی لگی ہوئی تھی۔ ان سب کے پاس ان کی سرکاری رائفلیں تھیں جن میں ایک ایک گولی موجود تھی۔ ڈرائیور کو ہدایت کی گئی تھی وہ اس گاڑی میں رہتے ہوئے تیندوے کو ہلاک کر کے اس علاقے کو محفوظ بنا دیں۔ اس نے اپنی پوری کوشش کی مگر بیچارے کو علم نہیں تھا کہ وہ کس جگہ گاڑی کو لے کر جا رہا ہے۔ آخر کار اسے اس وقت احساس ہوا جب گاڑی ایک گہرے کھڈ میں پھنس گئی۔ سب کے سب افراد اندر پھنس گئے اور انہوں نے چیخ و پکار سے آسمان سر پر اٹھا لیا جیسے انہیں یہ خوف ہو کہ جو فرد پہلے نکلا، یہ "آدم خور" تیندوا اسے ہڑپ کر جائے گا۔

کچھ فاصلے پر ہم تھے کہ ہمیں یہ چیخ و پکار سنائی دی۔ ہم لوگ دوڑ کر ان کی مدد کو پہنچے اور قانون کے محافظین کو چھڑایا۔ جونہی وہ لوگ اور گاڑی نکلی، انہوں نے فوری واپسی کی ٹھانی۔ واپسی سے قبل انہوں نے بتایا کہ انہیں اس گھنی گھاس سے تیندوے کی آواز سنائی دی تھی۔ میں نے سوچا کہ یہ محض ان کا تخیل تھا۔

اب میرا یہ معمول تھا کہ روزانہ صبح سات بجے میں اس جگہ پہنچتا اور سورج ڈوبتے واپس لوٹتا۔ چھٹے دن دوپہر کے وقت میں نے آسمان پر چند گدھ دیکھے۔ دوربین کو استعمال کیا تو پتہ چلا کہ ان کا رخ وادی کے درمیان میں ایک نسبتاً خالی جگہ کی طرف ہے۔ گذشتہ دن میں نے اس طرف جانے کی کوشش کی تھی لیکن راستہ نہیں ملا تھا۔

مجھے معلوم تھا کہ یہ مردار خور پرندے کسی جانور کی لاش پر ہی اتر رہے ہیں۔ یہ جانور یا تو تیندوا ہو گا یا پھر تیندوے کا کوئی شکار۔ محتاط ہو کر میں بمشکل تمام ان جھاڑیوں میں سے راستہ بناتا ہوا گذرا۔ اس کوشش میں میں کانٹوں سے الجھتا اور ہر لحظہ یہ دھڑکا لگا

رہتا کہ اب تیندوے کی آواز سنائی دے گی اور پھر حملہ۔ تاہم ایسا کچھ نہیں ہوا۔ کانٹوں نے مجھے لہولہان کر ڈالا۔ میں وادی میں پہنچ گیا۔ ابھی میں پچاس گز ہی آگے بڑھا ہوں گا کہ چار گدھ زمین سے اڑے۔ آگے بڑھتے ہوئے میرے سامنے پانی کا ایک چھوٹا سا تالاب آیا۔ تیندوا اس کے کنارے پانی پیتی حالت میں مردہ موجود تھا۔

بیچارہ تیندوا اندورنی جریان خون کا شکار ہوا تھا اور پیاس اور بخار کے مارے اس حال تک پہنچا تھا۔ اپنی جگہ سے نکل کر اس پانی کے تالاب تک پہنچنے کی مشقت اس کے لئے جان لیوا ثابت ہوئی۔ مرنے سے قبل اس نے خون کی قے کی تھی اور آدھے سے زیادہ تالاب اس کے خون سے سرخ تھا۔ خوش قسمتی سے میں وقت پر پہنچا کہ ابھی گدھوں نے اسے کھانا شروع نہیں کیا تھا اور اس کی کھال بالکل محفوظ تھی۔

جالاہالی واپس پہنچ کر میں نے چند آدمی تلاش کئے جو میرے ساتھ جا کر تیندوے کی لاش لا سکیں۔ میں اسے یشونتا پور پولیس سٹیشن لے کر پہنچا تا کہ سرکاری طور پر رپورٹ درج کرائی جا سکے۔ یہاں مجھے تین گھنٹے انتظار کرنا پڑا کیونکہ کچھ سرکاری افسران موجود نہیں تھے۔ مجھے بہت شدید غصہ آ رہا تھا کہ اس تاخیر سے تیندوے کی کھال خراب ہو سکتی تھی۔ آخر کار مجھے کھال اتارنے کی اجازت مل گئی اور میں نے فوراً ہی کھال اتارنا شروع کر دی۔ کھال اتارتے ہوئے میں نے وہ معلومات اکٹھی کیں جن سے مجھے ان حقائق سے آگہی ہوئی جن کی بدولت تیندوے نے تین انسانی جانیں لی تھیں اور بہت سے افراد کو زخمی کیا تھا۔

تیندوے کی اگلی ٹانگ کا زخم موٹے پولیس دفعدار کی تھری ناٹ تھری بور کی رائفل سے لگا تھا۔ اس میں اب کیڑے رینگ رہے تھے اور اس پر گینگرین کا شکار ہو چکا تھا۔ ہفی پلنکٹ کی گولی تیندوے کے جسم سے پار ہوئی لیکن معدے سے گذرنے کے

باوجود اس نے کوئی فوری مہلک زخم نہیں پہنچایا۔ ایک ایل جی کا چھرا تیندوے کی کھال کے نیچے کھوپڑی کی ہڈی میں پیوست ملا۔ اس سے تیندوا غش کھا گیا اور ہفی کو تیندوے کو چھونے کا موقع ملا۔ پپیہہ کی بندوق سے پانچ چھرے تیندوے کے پہلو میں موجود تھے لیکن وہ تمام کے تمام کسی نازک جگہ نہیں تھے۔ آخر کار میری گولی تیندوے کی گردن پر اس وقت لگی جب وہ ایرک کو چھوڑ کر بھاگ رہا تھا۔ اس سے محض خراش ہی پہنچی۔

میں نے اس کھال کو عدالت میں پیش کیا تاکہ حکومت کی طرف سے کالیہ کے خاندان کو امداد مل سکے کیونکہ کالیہ اپنے خاندان کا کفیل تھا۔ مجھے یہ بتاتے ہوئے خوشی ہوتی ہے کہ متوفی کی بہادری کو قبول کرتے ہوئے حکومت نے ایک کھیت اس کے خاندان کو دے دیا۔

دوسری جنگ عظیم کے آغاز جالا ہالی میں ڈرامائی تبدیلی ہوئی۔ اس علاقے کے مصنوعی جنگل کو کاٹ کر ہزاروں ہٹ بنائے گئے۔ ان میں پہلے اطالوی جنگی قیدیوں کو اور پھر برما اور مالے پر حملے کے لئے اس خطے میں موجود ایک بہت بڑے ہسپتال میں تبدیل کر دیا گیا۔ اس کے بعد یہاں ہوائی فوج کے فوجیوں کی بیرکیں بنائی گئیں تاکہ ہندوستان میں بڑھتی ہوئی فضائی فوج کے لئے تربیت گاہ مہیا کی جا سکے۔

اس تیندوے کی کھال اب میرے بنگلے کی زینت ہے۔ میں اس جانور کے لئے دلی عزت رکھتا ہوں۔ دیگر تیندوے چھپ کر اپنے شکار کو لاعلمی میں مارتے ہیں جبکہ اس نے اپنے زخموں اور تمام تر مشکلات کے باوجود نہایت بہادری اور جرأت سے اپنے دفاع کے لئے لڑائی لڑی اور اس میں کامیاب رہا۔

***

دیوارائن درگا کی خلوت پسند

اسے خلوت پسند یا تنہائی پسند کا نام دیئے جانے کی وجہ اس کا الگ تھلگ رہنا اور اس کی عجیب و غریب عادات تھیں۔

وہ غیر معمولی شیر تھا۔ اگرچہ وہ نہ تو آدم خور تھا اور نہ ہی اس نے کبھی انسانی گوشت کو چکھا تھا۔ لیکن اس کی انسانی نسل سے بے پناہ نفرت اس کی خاصیت تھی۔ اس نے کل تین انسان ہلاک کئے جن میں ایک عورت اور دو مرد شامل تھے۔ یہ تمام تر ہلاکتیں اس نے پانچ دن کے اندر اندر کیں۔ ان کا محرک صرف اور صرف نسل انسانی سے اس کا بغض تھا۔ اس کے علاوہ اس کی عادات عام شیروں سے بہت مختلف تھیں۔ وہ گاؤں کی بکریوں اور کتوں پر ہاتھ صاف کرتا تھا۔ عام شیر بالعموم بکریاں اور کتے نہیں کھاتے۔ وہ بنگلور سے پچاس میل دور اور تمکور شہر سے چھ میل دور دیوارائن درگا کے ساتھ واقع جنگلات سے نکلا۔ دیوارائن درگا میں کئی دہائیوں سے کوئی شیر نہیں پایا جاتا۔ یہاں چند جنگلی سور اور موروں کے سوا کچھ نہیں۔ اس کے علاوہ اس علاقے میں باقاعدہ جنگلات بھی نہیں پائے جاتے۔ البتہ کانٹے دار جھاڑیاں اور خودرو بیلیں یہاں بکثرت ہیں۔ اس کے علاوہ پہاڑ کی چوٹی سخت اور پتھریلی ہے جہاں چند غاریں بھی ہیں۔ ان غاروں میں کبھی کبھار تیندوے آ کر یہاں پہلے سے موجود سیہوں کو نکال کر قبضہ جما لیتے ہیں۔ تاہم یہ غاریں بالکل بھی کوئی محفوظ پناہ گاہیں نہیں اور شیر جیسا جانور یہاں چھپنے سے رہا۔ یہ سارا خاردار علاقہ چاروں اطراف سے کھیتوں میں گھرا ہوا ہے۔ ایک عام شیر کبھی بھی، چاہے

دن ہو یا رات، کھیتوں کو عبور نہیں کرتا۔

تاہم اس خلوت پسند شیر نے بالکل یہی کیا۔ وہ کھیتوں کو عبور کر کے اس پہاڑی پر آ کر رہنے لگا۔

پہلے پہل تو کسی کو شیر کی آمد کا علم بھی نہیں ہوا۔ آس پاس کے گاؤں میں مویشیوں کی تعداد اچانک ہی گھٹنے لگی۔ لوگوں نے اسے تیندوے کی کارستانی سمجھا۔ ایک دن انہی میں سے ایک گاؤں کے باہر ہل چلے کھیت میں شیر کے پگ دکھائی دیئے۔ اگلے دو دنوں میں ایک بڑی گائے ماری گئی جو گاؤں کے بالکل ہی پاس چرنے کے لئے رات بھر چھوڑ دی گئی تھی۔ اس گائے کی مالکن ایک بوڑھی عورت تھی۔ اسے جب گائے کی ہلاکت کی خبر ملی تو گاؤں سے نکل کر اس جگہ پہنچی جہاں گائے ہلاک ہوئی تھی۔ یہ جگہ گاؤں سے چوتھائی میل دور رہی ہوگی۔ وہ گائے کی لاش کے پاس پہنچ کر بیٹھ گئی اور اپنے غم کے اظہار کے لئے زور زور سے بین شروع کر دیا۔ اس کے خاندان کے افراد بھی اس کے ساتھ آئے تھے۔ وہ بھی کچھ دیر تک تو اس کے ساتھ بیٹھے۔ تاہم جلد ہی وہ اس غم زدہ منظر سے اکتا گئے۔ انہیں اور بھی بہت سے کام کرنے تھے۔ وہ سب ایک ایک کر کے گاؤں لوٹ گئے۔ تاہم بڑھیا گائے کی لاش پر ماتم کرتی رہی۔

گیارہ بجے دن سورج اپنی پوری آب و تاب سے چمک رہا تھا۔ جب یہ شیر واپس آیا تو اس نے گائے کی لاش کے ساتھ بڑھیا کو ماتم کرتے پایا۔ اس نے شاید یہ سوچا ہو کہ اس شور کو اب بند ہو جانا چاہیئے۔ اس نے بڑھیا پر جست لگائی اور ایک ہی پنجے سے بڑھیا کا خاتمہ ہو گیا۔ پھر اس نے گائے کو چند گز دور گھسیٹا اور خوب پیٹ بھر کر کھایا۔ بڑھیا کی لاش ویسے کی ویسے ہی پڑی رہی جیسے شیر کو اس کا خیال ہی نہ رہا ہو۔

جب شام چار بجے تک بڑھیا واپس نہ لوٹی تو اس کے گھر والوں نے اندازہ لگایا کہ

بیچاری بین کرتے کرتے تھک کر سو گئی ہو گی۔ وہ اسے واپس لانے کے لئے پہنچے تو بڑھیا کی لاش ملی۔ ان کی دہشت کی انتہا نہ رہی۔ گائے کی لاش بھی موجود تھی لیکن شیر پیٹ بھر کر واپس جنگل میں جا چکا تھا۔ سب کے سب سر پر پیر رکھ کر بھاگے اور انہوں نے گاؤں پہنچ کر سب کو خبردار کیا۔ فوراً ہی دو درجن افراد مختلف ہتھیار لے کر نمبر دار کی سربراہی میں اس جگہ پہنچے۔ نمبر دار کے پاس توڑے دار بندوق تھی۔ انہوں نے شیر کا پیچھا کرنے کا سوچا لیکن شیر پاس ہی موجود جنگل میں گھس گیا تھا۔ چونکہ سب ہی جنگل میں گھسنے سے ڈر رہے تھے، انہوں نے جنگل کے کنارے ہی کھڑے ہو کر خوب شور و غل کیا اور نمبر دار نے اپنی بندوق سے دو ہوائی فائر بھی کئے۔ اس کے بعد وہ سب بڑھیا کی لاش اٹھانے کے لئے بڑھے۔ اتنے میں ان کے عقب سے شیر نکلا اور پارٹی کے آخری آدمی پر جھپٹا جو کہ نمبر دار تھا۔ اس بیچارے کے خبردار ہونے سے قبل ہی اسے موت نے آلیا۔

ایک بار پھر پوری پارٹی گاؤں کو بھاگی اور اگلے دن چڑھے وہ پھر بہت سے افراد کو جمع کر کے لاشیں اٹھانے پہنچے۔ رات بھر پڑے رہنے کے باوجود دونوں لاشیں بالکل صحیح وسلامت تھیں۔ تاہم شیر گائے کی لاش سے مزید گوشت کھا چکا تھا۔

اگلے دو دن تک لوگوں میں غم و غصہ بڑھتا رہا۔ تیسری صبح تمکور سے آنے والا ایک مسافر ادھر سے گذرا۔ اس کے ساتھ مختلف سامان سے لدے دو گدھے بھی تھے۔ ابھی وہ یہاں سے میل بھر ہی دور گیا ہو گا کہ شیر نے جست لگا کر اگلے گدھے کو دبوچ لیا۔ دوسرا گدھا بالکل بے حس و حرکت کھڑا رہا۔ تاہم مسافر نے دہشت سے چیخ ماری اور واپس گاؤں کی طرف بھاگا۔ بظاہر اس کی چیخ اور بھاگنے کی وجہ سے شیر نے اس کا پیچھا کیا اور اسے ہلاک کر دیا۔ پھر وہ مردہ گدھے کی طرف لوٹا۔ مسافر کے پیچھے جانے اور پھر واپس آنے کے دوران وہ دوسرے گدھے کے پاس سے گذرا لیکن اسے بالکل چھوا تک

نہیں۔ مسافر کی لاش حسب معمول پھر ویسے کی ویسے پڑی رہی۔

بنگلور کے اتنے قریب ہونے والے یہ واقعات اخباروں کی شہ سرخیاں بنے۔ اگلی صبح میں کار میں اس طرف روانہ ہوا اور دو گھنٹے بعد ادھر پہنچ گیا۔

خوفزدہ دیہاتیوں سے پوچھنے پر جو معلوم ہوا، وہ آپ ابھی پڑھ چکے ہیں۔ موسم خشک اور راستے گرد و غبار سے بھرے ہوئے تھے۔ تمام تر نشانات اس وقت تک مٹ چکے تھے۔ تاہم کچھ دیر تک میں یہی سمجھتا رہا کہ یہ سب واقعات کسی بڑے اور مشتعل چیتے کے ہیں۔ وہ افراد جو نمبردار پر حملے وقت اس کے ساتھ تھے، نے مجھے یقین دلایا کہ یہ شیر ہی تھا۔ تاہم مجھے ابھی بھی شک تھا کیونکہ دیہاتی لوگ اس طرح کی باتوں کو بڑھا چڑھا کر پیش کرتے ہیں۔

مختصر سا کھانا کھا کر میں ایک خوفزدہ رہنما کے ساتھ نکلا۔ پوری دوپہر ہم نے آس پاس کی ہر ممکنہ جگہ اور غاروں کی چھان بین کی لیکن شیر تو کجا اس کا ایک ماگھ یعنی پگ تک بھی نہ ملا۔ تھکن سے میرا برا حال ہو گیا۔

چار بجے شام کو میں واپس لوٹا اور بدقت تمام ایک نو عمر بچھڑا خریدا تا کہ اسے گارے کے طور پر استعمال کیا جا سکے۔ اس پورے علاقے میں بھینسیں نہیں تھیں۔ میں نے اسے گاؤں سے پون میل دور اس جگہ باندھا جہاں راستے میں ایک عمیق پتھریلا نالہ آتا تھا۔

چھ بجے شام کو ہم گارے کو باندھ کر فارغ ہوئے۔ اب مچان باندھنے کا وقت نہیں بچا تھا۔ میں نے سوچا کہ اب رات کو چھ میل دور تمکور جا کر فارسٹ بنگلے میں رات گذاروں۔ اگلی صبح واپسی پر مجھے امید تھی کہ شیر گارے کو مار چکا ہو گا۔ میں نے ایسا ہی کیا۔ صبح پانچ بجے اٹھا اور ساڑھے پانچ بجے میں اس جگہ پہنچ چکا تھا

جہاں گارا بندھا ہوا تھا۔ اس جگہ سے نصف میل دور میں نے کار کو روکا تو اس وقت تک روشنی پھیلنے لگ گئی تھی۔ میں نے کار کو اتنی دور اس وجہ سے چھوڑا تاکہ اس کی آواز سے شیر خبر دار نہ ہو جائے۔ بہت احتیاط سے آگے بڑھتے ہوئے میں پہنچا تو دیکھا کہ گارا اپنی جگہ سے غائب تھا۔ جائزہ لینے سے علم ہوا کہ شیر نے نہ صرف گارے کو ہلاک کیا بلکہ رسی کو بھی کتر کر الگ کر دیا۔ عموماً شیر رسی کو نہیں کترتے تاہم یہ عجیب ہی شیر تھا۔ ماگھ بھی موجود تھے جن سے علم ہوا کہ یہ جانور ایک نر نہیں بلکہ مادہ شیرنی ہے اور بالغ عمر کی ہے۔ اس کی جسامت عام شیرنیوں سے کچھ زیادہ بڑی ہے۔

شیرنی سے متعلق کہانیوں اور اس کے بلاوجہ حملہ کرنے کی عادت کی وجہ سے میں نے ان نشانات کا بہت احتیاط سے پیچھا کیا۔ ہر قدم پر مجھے نہ صرف اپنے سامنے بلکہ دائیں بائیں اور ہر چند منٹ کے بعد عقب میں بھی دیکھ بھال کرنی پڑ رہی تھی۔ اس طریقے سے پیش قدمی کافی سست تھی۔ نشانات بالکل واضح تھے اور ڈیڑھ سو گز پر ہی میں نے ادھ کھائے بچھڑے کو تلاش کر لیا۔ بظاہر شیرنی آس پاس موجود نہیں تھی۔

اس کم عمر بچھڑے شیر کے عمومی انداز میں گردن توڑ کر ہلاک کیا گیا تھا۔ شیرنی اسے اٹھا کر اس جگہ تک لائی تھی۔ یہاں آکر اس نے شہہ رگ سے خون پیا جس کا ثبوت شہہ رگ میں موجود سوراخ اور ان کے گرد جما ہوا خون تھا۔ اس کے بعد شاید وہ رات کے لئے لاش کو چھوڑ کر چلی گئی تھی یا اسی وقت کھانا شروع کر دیا۔ اس نے پہلے دم کو جڑ سے کتر کر لاش سے دس فٹ دور جا پھینکا۔ یہ شیروں کی عام عادت ہے۔ بعض اوقات بڑے تیندوے بھی ایسا کرتے ہیں۔ اس کے بعد اس نے پیٹ کو چاک کیا اور آنتیں وغیرہ نکال کر دس فٹ دور لیکن دوسری طرف جا پھینکا۔ اس کے بعد اس نے عام شیروں کی طرح پچھلی ٹانگوں کے درمیان سے کھانا شروع کر دیا۔ وہ آدھا بچھڑا کھا چکی تھی۔

ان سب علامات سے اندازہ ہوتا تھا کہ یہ شیرنی اتنی بھی عجیب و غریب عادات کی نہیں تھی جتنا کہ اس کے بارے کہانیاں مشہور ہو چکی تھیں۔ وہ محض غصیلی شیرنی تھی۔

اس کی واپسی کا سوچ کر میں بیس گز دور ایک درخت پر چڑھ گیا۔ گارے کے آس پاس یہ واحد درخت تھا۔ یہاں میں ساڑھے نو بجے تک بیٹھا رہا لیکن شیرنی نہ آئی۔ تاہم گدھوں کی تیز نظروں نے گارے کو تلاش کر لیا۔ جلد ہی ان کے پروں کی پھڑ پھڑاہٹ نزدیک آ گئی۔

لاش کو گدھوں سے بچانے کے لئے میں نیچے اترا اور آس پاس سے جھاڑیاں اکھاڑ کر گارے پر ڈال دیں اور پھر کار کی طرف لوٹا تاکہ گاؤں پہنچ سکوں۔ یہاں میں نے چار افراد کو ساتھ لیا اور گارے کی لاش پر واپس آیا۔ یہاں میں نے انہیں ہدایت کی کہ وہ میری چارپائی مچان کو باندھیں۔ دوپہر تک مچان تیار ہو چکی تھی۔

ایک آدمی نے یہ تجویز دی کہ یہ شیرنی بکریوں کی بہت شوقین ہے۔ اگر میں گارے کی لاش کے آس پاس ایک بکری بھی باندھ دوں تو شیرنی کے مارے جانے کے امکانات بہت بڑھ سکتے ہیں۔ شیرنی اگر گارے کے لئے نہ بھی پلٹے تو بھی بکری اسے اپنی طرف متوجہ کر سکتی ہے۔ اس کی بات میں وزن تھا۔ میں فوراً گاؤں کی طرف پلٹا اور جلد ہی ایک نوعمر بکری لے کر واپس پہنچا۔ اس عمر کی بکری بہت شور کرتی ہے۔

چند بسکٹ اور چائے سے پیٹ پوجا کر کے میں مچان پر چڑھا اور ہمراہیوں کو ہدایت کی کہ میرے چھپ جانے کے بعد وہ بکری کو باندھ کر چلے جائیں تاکہ بکری خود کو اکیلا محسوس کر کے خوب شور مچائے۔ ان کے جاتے ہی بکری نے بہت ہی بلند آواز سے غل مچانا شروع کر دیا۔

پونے چھ بجے تک بکری بولتی رہی حتیٰ کہ میں نے وہ آواز سنی جو شیر چلتے وقت اکثر

نکالتے رہتے ہیں۔ بکری نے بھی اس آواز کو سنا اور فوراً ہی چپ ہو گئی۔ اس کا رخ اس طرف تھا جہاں سے شیرنی کی آمد متوقع تھی۔ بیچاری کا سارا جسم دہشت کے مارے کانپ رہا تھا۔

بدقسمتی سے شیرنی میرے عقب سے آرہی تھی۔ اگرچہ مچان اتنی کھلی تھی کہ میں اس پر آسانی سے رخ بدل سکتا تھا لیکن درخت کے تنے اور پھر ساتھ ہی موجود آلو بخارے کی گھنی جھاڑی کی وجہ سے مجھے کچھ دکھائی نہ دیا۔ شیرنی جس جگہ موجود تھی وہاں زمین کچھ ڈھلوان تھی۔ اس طرح شاید شیرنی نے مجھے یا مچان کو دیکھ لیا۔

ہو سکتا ہے کہ اس کی غیر معمولی چھٹی حس نے اسے خطرے سے آگاہ کر دیا ہو۔ جیسا کہ میں نے پہلے بھی ذکر کیا ہے کہ بعض درندوں میں یہ چھٹی حس بہت تیز ہوتی ہے۔ خیر جو بھی وجہ ہو، شیرنی نے خطرہ محسوس کرتے ہی فلک شگاف دھاڑ لگائی اور غراتے ہوئے اس پورے قطعے کے گرد چکر لگانا شروع کر دیا۔ بیچاری بکری نیم جان ہو چکی تھی۔ اندھیرا اتنا تھا کہ مجھے بکری کی جگہ ایک لرزتا ہوا دھبہ دکھائی دے رہا تھا۔

نو بجے تک شیرنی اسی طرح غراتی ہوئی جنگل کے سکون کو تہہ و بالا کرتی رہی۔ پھر آخری بار دھاڑ کر وہ چل دی۔ رات گئے درجہ حرارت حسب معمول اچانک گرا اور ٹھنڈک بہت بڑھ گئی۔ درخت کے نیچے بکری کے اور درخت کے اوپر میرے دانت بجتے رہے۔ صبح تک مزید کوئی خاص واقعہ نہ ہوا۔

صبح صادق کے وقت ہم دونوں ہی ٹھنڈک اور بے آرامی سے بے حال ہو چکے تھے۔ گذشتہ رات کے شور و غل سے بکری کا گلا بیٹھ چکا تھا اور جب وہ منہ کھولتی تو آواز نہ نکلتی۔

دوپہر کو میں نے مزید دو گھنٹے تک شیرنی کی تلاش جاری رکھی لیکن بے سود۔ اس بار میں نے ایک اور درخت اس طرح چنا کہ جو ہر طرف سے میری مچان کو ڈھانپے رکھے۔

یہاں میری مچان باندھی گئی اور چار بجے شام کو میں اس پر بیٹھ گیا۔ اس بار ایک اور بکری باندھی گئی۔ یہ بکری بہت عجیب تھی کہ بجائے شور مچانے کے زمین پر بیٹھ کر خدا معلوم کیا چبانے لگ گئی۔ تاریکی چھانے تک وہ اسی شغل میں لگی رہی۔

اس بار میں زیادہ گرم کپڑے پہن کر نکلا تھا اور کمبل بھی ساتھ تھا۔ رات گئے مجھے نیند آگئی۔ جب اٹھا تو یہ منحوس بکری ابھی تک نہ جانے کیا چبائے جا رہی تھی۔ لگتا تھا کہ پوری دنیا سے درندے ختم ہو گئے ہیں۔

اگلے دن میں نے حسب معمول شیرنی کی تلاش جاری رکھی لیکن ناکامی ہوئی۔ تین بجے واپس میں اس مچان پر بیٹھ گیا۔ اس بارے میرے پاس ایک کم عمر بیل بطور چارے کے تھا۔

سات بجے تک مکمل تاریکی چھا گئی۔ اچانک غیر متوقع طور پر دیہاتیوں کا ایک گروہ لالٹینیں اٹھائے میری طرف آیا۔ انہوں نے بتایا کہ نصف گھنٹہ قبل شیرنی نے تالاب کے بند کے پاس ایک گائے ہلاک کر دی ہے۔ یہ جگہ گاؤں کے دوسری طرف فرلانگ بھر دور تھی۔ اس وقت شیرنی گائے کو کھانے میں مصروف تھی۔

یہاں مزید بیٹھنا اب بے کار تھا۔ میں نیچے اترا اور دیہاتیوں کو ہدایت کی کہ وہ بیل کو یہیں رہنے دیں تاکہ شیرنی اگر رات کو ادھر سے گذرے تو اس کے لئے گارا موجود ہو۔ اب ہم بعجلت موقعہ واردات کی طرف لپکے۔

گاؤں پہنچ کر میں نے لالٹینیں بجھوا دیں۔ ایک بندے کو بطور راہبر چن کر میں آگے بڑھا۔ باقی تمام افراد وہیں رک گئے۔ میرے ہمراہی نے بتایا کہ شیرنی نے گائے کو سڑک کے بائیں جانب ہلاک کیا ہے۔ یہ جگہ سڑک کے کنارے سے پچاس گز دور اور گاؤں سے ایک فرلانگ دور تھی۔

تاریکی گہری ہو چکی تھی اور ہمراہی اور میں ساتھ لگ کر سڑک کے درمیان میں چل رہے تھے۔ میں نے رائفل پر لگی ٹارچ جو جلا کر اس کی روشنی سڑک کے بائیں طرف ڈالی۔

پہلے غراہٹ اور پھر "آوف" کی آواز آئی۔ پھر اندازاً دو سو گز دور سے مجھے دو چمکدار آنکھیں دکھائی دیں جو بظاہر کچھ بلندی پر تھیں۔ مجھے حیرت ہوئی لیکن ہمراہی نے بتایا کہ شیرنی بند پر چڑھ کر کھڑی ہوئی ہے۔

ربڑ کے جوتوں کی مدد سے اور دیہاتی ننگے پاؤں چلتے ہوئے آگے بڑھے۔ ہماری پیش قدمی بالکل بے آواز تھی۔ اس دوران شیرنی ٹارچ کو گھورتی رہی۔ اس طرح بڑھتے ہوئے ہم کوئی سو گز آگے گئے۔ اب ہم اس جگہ تھے جہاں سڑک بند سے جا ملتی ہے۔ یہاں سے ہم بائیں مڑے اور بند پر چڑھنے لگے۔

شیرنی یہاں سے سو گز دور تھی اور اب اس نے غرانا شروع کر دیا تھا۔ میں رک گیا اور رائفل ابھی شانے تک اٹھائی ہی تھی کہ شیرنی کی ہمت شاید جواب دے گئی۔ دم اٹھائے تین چار چھلانگوں میں اس نے بند کا کنارہ عبور کیا اور دوسری طرف غائب ہو گئی۔

ہم بند پر چڑھے اور میں نے ادھر ادھر ٹارچ کی روشنی پھینکنی شروع کر دی۔ یہاں ایک بڑا اور اکیلا بنیان کا درخت تھا۔ ہماری حیرت کی انتہا نہ رہی جب ہم نے اس درخت پر کوئی پندرہ فٹ کی بلندی پر ایک دو شاخے پر شیرنی کی آنکھیں چمکتی دیکھیں۔ شیر عموماً درخت پر نہیں چڑھتے بالخصوص جب رات کو ٹارچ کی روشنی میں ان کا پیچھا کیا جا رہا ہو۔

اب مجھے شیرنی کے خد و خال دکھائی دے رہے تھے۔ وہ درخت پر کتے کی طرح بیٹھی ہوئی تھی۔ اس کی چمکتی آنکھوں کے درمیان میں نے احتیاط سے نشانہ لیا اور گولی چلا دی۔ بھد کی آواز سے شیرنی زمین پر گری اور غراہٹ کی آواز آئی اور پھر خاموشی چھا گئی۔

ہم بند پر کچھ دور تک بڑھے اور دائیں طرف ٹارچ کی روشنی پھینکتے رہے لیکن کچھ دکھائی دیا اور نہ ہی سنائی دیا۔ مجھے علم تھا کہ شیرنی کو گولی لگی ہے۔ میں نے سوچا کہ اب جا کر سو جاؤں اور شیرنی کا پیچھا کل دن کی روشنی میں کرنا بہتر رہے گا۔ یہاں سے ہم واپس کار تک آئے۔ رات کا کھانا میں نے تمکور میں کھایا اور پھر چائے اور تمباکو سے دل بہلانے کے بعد اگلے دن کے سہانے خوابوں میں گم سو گیا۔

اگلی صبح پو پھٹتے وقت میں دوبارہ گاؤں پہنچ گیا۔ رات والے راہبر کو ساتھ لے کر میں واپس پلٹا اور بند پر آ کر ہم بہت احتیاط سے نیچے اتر کر بنیان کے درخت تک پہنچے جہاں میں نے گذشتہ رات شیرنی پر گولی چلائی تھی۔

فوراً ہی ہم نے بہت بڑے رقبے پر پھیلے خون کے نشانات تلاش کر لئے جہاں شیرنی نیچے گری تھی۔ یہاں ہمیں ہڈی کا ایک ٹکڑا ملا جس پر میری اعشاریہ ۴۰۵ بور کی رائفل کی گولی کے سیسے کا ٹکڑا موجود تھا۔ میرا ساتھی درخت پر چڑھا اور اس نے فوراً ہی اس دو شاخے پر خون کے چند قطرے تلاش کر لئے جہاں شیرنی بیٹھی تھی۔

یہاں سے ہم نے خون کے نشانات کا پیچھا کرنا شروع کر دیا۔ جلد ہی ہمیں معلوم ہوا کہ شیرنی کو سر پر گولی لگی ہے اور وہ بری طرح زخمی ہے۔ اس کے خون کے نشانات آڑے ترچھے اور دائروں کی صورت میں ایک دوسرے سے ہو کر گذر رہے تھے۔ ایسا لگتا تھا کہ اسے بالکل بھی احساس نہیں ہے کہ وہ کہاں جا رہی ہے۔

ہمیں جمے ہوئے خون کے بکثرت بڑے بڑے دائرے ملے۔ آخر کار وہ جگہ ملی جہاں شیرنی یا تو گری تھی یا دم لینے کے لئے رکی تھی۔ شاید اس نے رات کا کچھ حصہ بھی یہاں گذارا تھا۔ یہ کوئی دس مربع فٹ کا دائرہ تھا اور خون سے بھرا ہوا۔ علی الصبح جب وہ یہاں سے نکلی تو بظاہر خون کا بہاؤ تھم چکا تھا۔ اکا دکا جھاڑیوں پر ہمیں خون کے قطرے

دکھائی دے رہے تھے۔

پہلا دائرہ ہم نے بند کی جڑ سے لے کر ان جھاڑیوں تک پورا کیا۔ بند کے اوپر تک ہمیں خون کا کوئی نشان نہ ملا اور نہ ہی شیرنی کا کوئی اتہ پتہ کہ جس سے اندازہ ہو سکے کہ شیرنی نے اپنی پناہ گاہ چھوڑ دی ہے۔ اس سے ظاہر ہوتا تھا کہ شیرنی گھنی گھاس کے اسی قطعے میں چھپی ہوئی ہے جو دو سو گز لمبا اور دس سے لے کر پچھتر گز تک چوڑا تھا۔ پر کیا وہ زندہ بھی تھی؟ یہ ایک ایسا سوال تھا کہ جس کے جواب پر میری اور میرے ساتھی کی زندگی کا انحصار تھا۔

اس جگہ لوٹ کر جہاں ہم نے شیرنی کے خون کا آخری قطرہ دیکھا تھا، گھنی گھاس میں پتھر پھینکنے شروع کر دیئے۔ ان تمام کوششوں کا نتیجہ مکمل خاموشی رہا۔

ہم اس طرح گھاس کے کنارے کنارے آگے بڑھتے رہے۔ شیرنی کی موجودگی کا جائزہ لینے کے لئے میں نے گھاس میں پانچ گولیاں بھی چلائیں لیکن شیرنی کی طرف سے کوئی جواب نہ ملا۔ تین چوتھائی فاصلے کو طے کر لینے کے بعد ہمیں ایک پستہ قد درخت دکھائی دیا جو بمشکل دس یا بارہ فٹ بلند ہو گا۔ میرا ساتھی اس پر چڑھنے کی نیت سے اس کی طرف بڑھا تاکہ اس پر چڑھ کر بہتر طور پر جائزہ لے سکے۔ اچانک ہی بغیر کسی وارننگ کے شیرنی گھاس سے نکلی اور دھاڑ لگا کر میرے ساتھی کی طرف جھپٹی۔

میرا ساتھی دہشت کے مارے چلایا اور میں اس جگہ سے بمشکل بیس گز دور تھا۔ میں نے شیرنی پر یکے بعد دیگرے تین گولیاں چلائیں۔ شیرنی الٹ کر اسی جگہ گم ہو گئی جہاں سے وہ نکلی تھی۔ بالآخر اسے موت نے آ ہی لیا۔

یہ شیرنی جیسا کہ میرا اندازہ تھا، بوڑھی ہو چکی تھی اور اس کے دانت گھس چکے تھے۔ اس کی بوڑھی عمر نے اسے انسان کے قریب آ کر آسان شکار کرنے پر مجبور کر دیا

تھا۔ یہاں وہ کتے اور بکریاں آسانی سے مار سکتی تھی۔ بھوک اور ڈھلتی عمر شاید اس کے غصیلے ہونے کی وجہ تھے۔ انسان سے پیدائشی خوف اور کم ہمتی نے اسے آدم خور بننے سے روکے رکھا۔ اگرچہ میرا خیال تھا کہ اگر شیرنی کو نہ مارا جاتا تو وہ بہت جلد ہی آدم خور بن جاتی۔ گذشتہ رات کی گولی شیرنی کی ناک پر لگی تھی اور وہ اتنی اندر نہیں جا سکی تھی کہ شیرنی کو کوئی مہلک زخم پہنچاتی۔ اس طرح گولی لگنے اور ہڈی ٹوٹنے اور سیروں خون بہہ جانے کے باوجود بھی ہو سکتا تھا کہ شیرنی مکمل طور پر صحت یاب ہو جاتی۔ میرے ساتھی پر حملہ کرنے کے وجہ سے اسے اپنی جان گنوانی پڑی۔

❋ ❋ ❋